BestMasters

Mit „BestMasters" zeichnet Springer die besten Masterarbeiten aus, die an renommierten Hochschulen in Deutschland, Österreich und der Schweiz entstanden sind. Die mit Höchstnote ausgezeichneten Arbeiten wurden durch Gutachter zur Veröffentlichung empfohlen und behandeln aktuelle Themen aus unterschiedlichen Fachgebieten der Naturwissenschaften, Psychologie, Technik und Wirtschaftswissenschaften. Die Reihe wendet sich an Praktiker und Wissenschaftler gleichermaßen und soll insbesondere auch Nachwuchswissenschaftlern Orientierung geben.

Springer awards "BestMasters" to the best master's theses which have been completed at renowned Universities in Germany, Austria, and Switzerland. The studies received highest marks and were recommended for publication by supervisors. They address current issues from various fields of research in natural sciences, psychology, technology, and economics. The series addresses practitioners as well as scientists and, in particular, offers guidance for early stage researchers.

Weitere Bände in der Reihe http://www.springer.com/series/13198

Markus Bramberger

Payment Services Directive II

Regulatorik im Zahlungsverkehr vor dem Hintergrund von FinTechs und Open Banking

Markus Bramberger
Enns, Österreich

ISSN 2625-3577　　　　　　ISSN 2625-3615　(electronic)
BestMasters
ISBN 978-3-658-24774-4　　　ISBN 978-3-658-24775-1　(eBook)
https://doi.org/10.1007/978-3-658-24775-1

Die Deutsche Nationalbibliothek verzeichnet diese Publikation in der Deutschen National-
bibliografie; detaillierte bibliografische Daten sind im Internet über http://dnb.d-nb.de abrufbar.

Springer Gabler
© Springer Fachmedien Wiesbaden GmbH, ein Teil von Springer Nature 2019
Das Werk einschließlich aller seiner Teile ist urheberrechtlich geschützt. Jede Verwertung, die
nicht ausdrücklich vom Urheberrechtsgesetz zugelassen ist, bedarf der vorherigen Zustimmung
des Verlags. Das gilt insbesondere für Vervielfältigungen, Bearbeitungen, Übersetzungen,
Mikroverfilmungen und die Einspeicherung und Verarbeitung in elektronischen Systemen.
Die Wiedergabe von Gebrauchsnamen, Handelsnamen, Warenbezeichnungen usw. in diesem
Werk berechtigt auch ohne besondere Kennzeichnung nicht zu der Annahme, dass solche
Namen im Sinne der Warenzeichen- und Markenschutz-Gesetzgebung als frei zu betrachten
wären und daher von jedermann benutzt werden dürften.
Der Verlag, die Autoren und die Herausgeber gehen davon aus, dass die Angaben und
Informationen in diesem Werk zum Zeitpunkt der Veröffentlichung vollständig und korrekt
sind. Weder der Verlag, noch die Autoren oder die Herausgeber übernehmen, ausdrücklich oder
implizit, Gewähr für den Inhalt des Werkes, etwaige Fehler oder Äußerungen. Der Verlag bleibt
im Hinblick auf geografische Zuordnungen und Gebietsbezeichnungen in veröffentlichten Karten
und Institutionsadressen neutral.

Springer Gabler ist ein Imprint der eingetragenen Gesellschaft Springer Fachmedien Wiesbaden GmbH
und ist ein Teil von Springer Nature
Die Anschrift der Gesellschaft ist: Abraham-Lincoln-Str. 46, 65189 Wiesbaden, Germany

Inhaltsverzeichnis

1 **Einleitung** 1
  1.1 Problemstellung 3
  1.2 Forschungsfragen 5
  1.3 Ziele und Abgrenzung der Arbeit 6
  1.4 Woran und wie wird geforscht: Erhebungsinstrumente 7
  1.5 Erwartete Ergebnisse 12

2 **Theoretische Grundlagen** 13
  2.1 Die Europäische Integration 16
    2.1.1 Ziele und Werte der Europäischen Union 21
    2.1.2 Institutionen der EU 24
      2.1.2.1 Organisation und Aufgaben des Eurosystems 27
      2.1.2.2 Das Europäische System der Zentralbanken 28
      2.1.2.3 Die drei regulierenden Organe der EU 30
  2.2 Die Wertschöpfungskette des EU-Zahlungsverkehrs (EU-ZV) 32
  2.3 Regulatorische Rahmenbedingungen des EU-ZV 39
    2.3.1 Ziele der Payment Services Directive I und II (PSD I, PSD II) 40
    2.3.2 Abgrenzung der PSD II 42
    2.3.3 PSD II: Top-down-Analyse im Fokus der Forschungsfragen 45
      2.3.3.1 Theorie versus Praxis: operative Beispiele kontroverser Ansätze 51
      2.3.3.2 Beweggründe irrationalen Handelns 60
    2.3.4 Kurzresümee 62

2.4		Digitalisierungsoffensive	66
	2.4.1	Innovative Systeme am Markt des Zahlungsverkehrs	67
	2.4.2	FinTechs und Open Banking	71
	2.4.3	Bargeld Pro und Contra	79
2.5		Zwischenanalyse der literarischen und teilempirischen Erkenntnisse	82

3 Eine empirische Untersuchung ... 89

3.1		Expertinnen- und Experteninterviews: die Teilnehmenden	94
3.2		Interviewfragen	98
3.3		Analyse und Auswertung der Interview- und Forschungsfragen	100
	3.3.1	Bildung von Kategorien	101
	3.3.2	Zuweisung der Kategorien	103
	3.3.3	Frequenzanalyse	106
	3.3.4	Überprüfung der Ergebnisse anhand Gütekriterien	109
3.4		Interpretation der Ergebnisse	113
3.5		Ausblick	120

4 Fazit zur Arbeit ... 123

Literaturverzeichnis ... 125

Anhang ... 137

Abbildungsverzeichnis

Abb. 1:	Segments of the Fintech industry	2
Abb. 2:	Visuelle Darstellung der EU-Ziele	23
Abb. 3:	Visuelle Darstellung der EU-Klima-Ziele bis 2030	24
Abb. 4:	Visuelle Darstellung der EU-Organe	26
Abb. 5:	Europäisches System der Zentralbanken	28
Abb. 6:	Gesetzgebungsverfahren in der Europäischen Union	30
Abb. 7:	Potenzielle Rollen in der Wertschöpfungskette	35
Abb. 8:	Rolle des Integrators	36
Abb. 9:	Rolle des Produzenten	36
Abb. 10:	Rolle des Verteilers	37
Abb. 11:	Rolle der Plattform	37
Abb. 12:	Die vier potenziellen Rollen in der finanziellen Wertschöpfungskette	38
Abb. 13:	Auszug aus einem Zahlungsverkehrs-Echtsystem 1	56
Abb. 14:	Auszug aus einem Zahlungsverkehrs-Echtsystem 2	57
Abb. 15:	Auszug aus einem Zahlungsverkehrs-Echtsystem 3	58
Abb. 16:	Auszug aus einem Zahlungsverkehrs-Echtsystem 4	59
Abb. 17:	Primär- und Sekundäreinflüsse der PSD II auf die Bankenlandschaft	66
Abb. 18:	Der moderne Zahlungsverkehr	68
Abb. 19:	Positionierungsmodell Banken: Ist-Stand bzw. Ziel – Soll-Stand	85
Abb. 20:	Anforderungsmatrix Produkteigenschaften: Ist-Stand bzw. Ziel – Soll-Stand	86

Tabellenverzeichnis

Tab. 1:	Werdegang der PSD II	44
Tab. 2:	Top-down-Inhaltsanalyse der PSD II	46
Tab. 3:	Phasen qualitativer Forschung	90
Tab. 4:	Informationen zu den Interviewpartnern	97
Tab. 5:	Strukturablauf der qualitativen Inhaltsanalyse nach Mayring	101
Tab. 6:	Definierte Kategorien	101
Tab. 7:	Zuweisung der Kategorien – 1. Schritt	104
Tab. 8:	Zuweisung der Kategorien – 2. Schritt	105
Tab. 9:	Zuweisung der Kategorien – 3. Schritt	107
Tab. 10:	Zuweisung der Kategorien – 3. Schritt (2)	108
Tab. 11:	Überprüfung der Forschungsqualität anhand der Gütekriterien nach Mayring	111
Tab. 12:	Visuelle Darstellung: Kategorienzuweisung Forschungsfragen	113
Tab. 13:	Visuelle Darstellung: Welches Interview beantwortet welche Forschungsfrage?	113

Abkürzungsverzeichnis

AISP(s)	Account Information Service Provider(s)
AML	Anti Money Laundering
App	Application
API-Banking	Application Programming Interface Banking
Art.	Artikel
A2A	Account to Account
BEN	Beneficiary
BIC	Bank Identifier Code
CHF	Schweizer Franken
CS	Clearing Service/Clearing and Settlement
DNS	Designated Time Net Settlement
Dr.^{in}	Doktorin
EBA	European Banking Authority
E-Banking	Electronic Banking
EDV	Elektronische Datenverarbeitung
EFTA	European Free Trade Association
EG	Europäische Gemeinschaft
EGKS	Europäische Gemeinschaft für Kohle und Stahl
EPC	European Payments Council
et al.	und andere
EU	Europäische Union
EUR	Euro
EURATOM	Europäische Atomgemeinschaft
EU-ZV	Europäischer Zahlungsverkehr
E-Wallet	Online-Zeitung
EWG	Europäische Wirtschaftsgemeinschaft

EWR	Europäischer Wirtschaftsraum
EZB	Europäische Zentralbank
f.	diese und die folgende Seite
ff.	diese und die folgenden Seiten
FAQ	Frequently Asked Questions
FIN	final
FinTech	Finanztechnologie
FinTS	Financial Transaction Services
FSA	Financial Services Authority
FW	Fremdwährung
GDPR	General Data Protection Regulation
GBP	Britische Pfund
ggf.	gegebenenfalls
HUF	Ungarische Forint
IBAN	International Bank Account Number
i. d. R	in der Regel
int.	international
ISO	International Standards Organization
IT	Informationstechnologie
KYC	Know Your Customer
lt.	laut
Mag.[a]	Magistra
MT	Message Type
odgl.	oder dergleichen
OeNB	Österreichische Nationalbank
OUR	Auftraggeber
PISP(s)	Payment Inition Service Provider(s)
Prof.	Professor

PSD (I, II)	Payment Services Directive (I, II)
RTGS	Real-Time Gross Settlement
RTS	Regulatory Technical Standards
SCA	Strong Customer Authentication
SEPA	Single Euro Payments Area
SHA	share/Teilung
SMART	spezifisch, messbar, anwendungsorientiert (attraktiv), realistisch, terminiert
sog.	sogenannt
SSM	Single Supervisory Mechanism
SSP	Single Shared Platform
STP	Straight Through Payment/Process
SWIFT	Society for Worldwide Interbank Financial Telecommunications
SWOT	Strengths – Weaknesses – Opportunities – Threats
TARGET(2)	Trans-European Automated Real-time Gross Settlement Express Transfer System
TPP(s)	Third Party Provider(s)
u. a.	unter anderem/unter anderm, unter anderen/unter andern
udgl.	und dergleichen
USA	United States of America
usw.	und so weiter
uvm.	und viele(s) mehr
vgl.	vergleiche
vs.	versus
www	World Wide Web
XML	Extensible Markup Language
ZaDiG (I, II)	Zahlungsdienstegesetz (I, II)

ZAG	Zahlungsdiensteaufsichtsgesetz
z. B.	zum Beispiel
ZOB	Zentral(e, es) Online-Banking
z. Z.	zur Zeit
§	Paragraph
%	Prozent

Executive Summary

Das Geschäftsfeld des Zahlungsverkehrs hat sich in den letzten Jahren kontinuierlich weiterentwickelt. Dabei handelt es sich um eine logische Konsequenz aus der Ausdehnung der EU. Die Umsetzung von Verordnungen zur Schaffung einheitlicher Standards hinsichtlich rascher und sicherer Zahlungsvorgänge ist ein aktuelles Thema, dem bargeldlosen Geldtransfer wird oberste Priorität zugesprochen.

Die Payment Services Directive II (PSD II) ist laut Expertinnen und Experten ein Meilenstein im europäischen Zahlungsverkehr. Erstmals werden auch Non-EUR-Währungen reguliert. Dem ist nicht genug: Sogenannte „one-leg-in/out-transactions", bei denen es genügt, wenn nur ein Zahlungsdienstleister einer transaktionsbeteiligten Partei im EWR-Raum ansässig ist, unterliegen seit 13. Januar 2018 ebenfalls der PSD II und in weiterer Folge durch die vollharmonisierte Umsetzung auch der jeweiligen nationalen Gesetze der Mitgliedsstaaten der Europäischen Union. Handlungsspielräume in der Umsetzung – vor allem bei den wesentlichen Inhalten zur Wertstellung, Verfügbarmachung von Geldbeträgen und den Regelungen zu überweisungsbezogenen Entgelten – bergen Risiken einer uneinheitlichen, somit für Kundinnen und Kunden intransparenten Anwendung seitens der Banken in sich. Theorie und Empirie belegen in der vorliegenden Arbeit konkret, dass eine einheitliche europäische Regulierung des Zahlungsverkehrs notwendig – und hinsichtlich wirtschaftlicher Wettbewerbsfähigkeit zielführend – ist. Wobei eindeutig als verifiziert gilt, dass für den Zahlungsdienstenutzer eine gewollte weitere Europa-Vereinheitlichung nicht zwingend zu Preissenkungen für Überweisungen führen muss. Im Gegenteil, denn es werden Reklamationsentgelte von den Banken konsequenter verrechnet und in den letzten Jahren um bis zu zweihundert Prozent erhöht.

Wie wird die Bank der Zukunft aussehen? Welche Dienstleistung wird sie erbringen? Wird die Bank von heute noch auf den Zug in Richtung Finanzdienstleister von morgen aufspringen können? Oder werden Banken – wie wir sie noch heute kennen – pauschal durch innovative und digital exzellent positionierte Dienstleister substituiert? Die Marktöffnung, auch „Open Banking" genannt, die Ankurbelung des Wettbewerbs und die deutliche Untermauerung des Stellenwerts der Konsumentinnen und Konsumenten ermöglicht eine in Gang gebrachte Gesetzesnovelle. Vor dem Hintergrund der zuvor geschilderten Ausführungen ist die europäische Bankenlandschaft mit all ihren Produkten, Dienstleistungen und Standorten sicherlich eines der interessantesten nachzuverfolgenden Themenfelder, welche sich aktuell revolutionär in einem Strukturumbruch befinden, denn innovative FinTech-Unternehmen strahlen durchaus das Potenzial aus, sich bis hin zum „Life-Coach", ergo Tippgeber oder Lebensberater für diverse Richtungen, zu entwickeln.

Die anspruchsvollen Analysefelder werden in der vorliegenden Arbeit auf der einen Seite durch zahlreiche fundierte Quellen aus der Literatur – in qualitativer und quantitativer Hinsicht – im Detail beleuchtet. Auf der anderen Seite kommt eine empirische Methodik zur Anwendung. Durch teilstrukturierte und qualitativ geführte Experteninterviews werden Informationen systematisch erfasst und erweitern die Perspektive.

Primärziel ist die detailreiche und konkrete Beantwortung der zugrundeliegenden Forschungsfragen. Durch die korrekte und adäquate Anwendung wissenschaftlicher Methodik werden Frageninhalte verifiziert oder falsifiziert. Die durch die vorliegende Arbeit gewonnenen Erkenntnisse stellen in weiterer Folge den Anspruch, eine theoretische, aber auch praxisbezogene Hilfestellung zu bieten.

Vor dem Hintergrund dieser herausfordernden, aber auch Chancengenerierenden Zeit am Bankensektor ergeben sich für Zahlungsdiensteleister mannigfaltige Varianten der Neupositionierung. Interessiert blickt der Markt in die Zukunft, wenn es sich thematisch um „All-in-One-Apps" handelt (Applikationen von Finanztechnologie-Unternehmen, welche Daten und Informationen von Konten, Wertpapierdepots, Darlehen, Produkten der Veranlagung und Versicherungen, die beispielsweise auch weltweit und in zahlreicher Form auf unterschiedliche Anbieter von Finanzdienstleister verteilt sind, verarbeiten, aufbereiten, inhaltlich analysieren und der Kundin bzw. dem Kunden mit jeweilig abgestimmtem Nutzen für weitere Handlungen oder auch nur zu einer noch nie dagewesenen Übersichtsbildung zur Verfügung stellen).

Als explizit wesentlich wird die grundlegend positive Einstellung der Akteure zur gegebenen Lage – anhand theoretischer und empirischer Untersuchungen verifiziert – eingestuft.

Abstract (deutsch)

Die Payment Services Directive II (PSD II) ist laut Expertinnen und Experten ein Meilenstein im europäischen Zahlungsverkehr. Erstmals werden auch Non-EUR-Währungen reguliert. Dem ist nicht genug: Sogenannte „one-leg-in/out-transactions", bei denen es genügt, wenn nur ein Zahlungsdiensteleister einer transaktionsbeteiligten Partei im EWR-Raum ansässig ist, unterliegen seit 13. Januar 2018 ebenfalls der PSD II und in weiterer Folge durch die vollharmonisierte Umsetzung der jeweiligen nationalen Gesetze der Mitgliedsstaaten der Europäischen Union. Handlungsspielräume in der Umsetzung – vor allem bei den wesentlichen Inhalten zur Wertstellung, Verfügbarmachung von Geldbeträgen und den Regelungen zu überweisungsbezogenen Entgelten – bergen Risiken einer uneinheitlichen, somit für Kundinnen und Kunden intransparenten Anwendung seitens der Banken in sich. Wird der grenzüberschreitende Zahlungsverkehr tatsächlich günstiger, rascher und sicherer? Vor diesem Hintergrund lautet eine von fünf primären Forschungsfragen: Inwieweit wurden die Vorgaben der PSD II im Bereich Zahlungsverkehr bezugnehmend auf Entgeltregelung, Wertstellung und Verfügbarkeit von Geldbeträgen operativ umgesetzt? In Bezug auf die Öffnung der Infrastruktur von Banken und die Verfügbarstellung von Kunden- und Konteninformationen an sog. Drittanbieter lautet eine weitere – wissenschaftlich interessante und praxisbezogen aktuelle – Forschungsfrage: Wie sieht die Zukunft des Zahlungsverkehrs – mit Fokus auf regulatorische Schritte und „Open Banking" – aus? Basierend auf einer fundierten Literaturrecherche und qualitativen Top-down-Analyse der Payment Services Directive II werden Praxisbeispiele des Zahlungsverkehrts kritisch erörtert. Eine empirische Untersuchung mittels qualitativer Expertinnen- und Experteninterviews und einer zusammenfassenden Inhaltsanalyse nach Philipp Mayring bringt unter Abgleich der theoretischen Erkenntnisse rasch umsetzbare Handlungsansätze und positive Perspektiven hervor.

Schlüsselwörter: Payment Services Directive II, PSD II, ZaDiG, ZAG, Open Banking, FinTechs, Zahlungsverkehr, BEN, OUR, SHA, one-leg-transaction;

Abstract (englisch)

As the EU-wide legal basis for payments the PSD II is, according to experts, a milestone in the European payment services depicting regulations of non-euro currency transactions within the European Economic Area for the first time ever. Furthermore, the so-called "one-leg-in/ out- transactions" in which only one transaction participant is a legal citizen of the European Union, are subject to the PSD II since January 13th, 2018 and therefor also subject to the individual national laws of each EU-member state. However, a wide scope of actions might lead to inconsistencies of implementations in terms of information provided by the payment service institutions concerning exchange rates, transaction references and transaction charges. Against this background, one of the five central research issues of this paper describes the thesis to the question: "Are cross-border payments really cheaper, faster and safer?" To what extent were the described regulation guidelines of the PSD II put into operation considering the above mentioned: exchange rates, availability of a certain amounts of money and transaction charges? The second scientifically interesting and practical question is about the actual extent of the opening of the infrastructure of financial institutions and the forwarding of customer-and account information to sp called third parties: What is the future development of payment services in terms of regulatory steps and "open banking"? This thesis is based on substantial scientific literature and top-down-analyses of the Payment Service Directive II while critically discussing practical examples. The empirical research is based on a comprehensive content analysis of texts by Philipp Mayring and of interviews with experts producing matching theoretical conclusions which lead to quick action approaches and a positive view on the topic at hand.

Keywords: Payment Services Directive II, PSD II, ZaDiG, ZAG, Open Banking, FinTechs, Zahlungsverkehr, BEN, OUR, SHA, one-leg-transaction;

1 Einleitung

Wettbewerbssituationen unterliegen Zyklen, wie die Lebensphasen eines Produkts. Das Wettbewerbsumfeld von Banken – generell von Zahlungsdienstleistern – ist aktuell von einer Dynamik geprägt, wie es sie in dieser Ausgestaltung seit Jahrzehnten nicht mehr gegeben hat. (Hellenkamp und Füreder 2016: 5 ff.).

> „At the same time, mobile banking solutions, e-wallets, cryptocurrencies and open source movements have taken the industry forwards at several other fronts" (Skan et al. 2015).

Zum Ausdruck bringt diesen Wandel von Stil und Struktur der enorm gestiegene Kostendruck durch zwingend umzusetzende Regulierungen, EDV-Adaptierungen oder Software-Neuanschaffungen, Auslagerungen von Arbeitsbereichen und Miteinbeziehung von externen Dienstleistern. Die Generierung von Erträgen kann mit den Kosten und finanziellen Aufwändungen kaum Schritt halten (Brock und Bieberstein 2015: 115 ff.).

Sogenannte „FinTech-Start-ups" überstimmen den Banken- und Finanzdienstleistungssektor im Zuge der Digitalisierungswelle. Die Wertigkeit von Informationen gliedert sich neu und das Handling von Kundendaten – granularer formuliert ist die Rede von operativen Kosumenteninformationen – bescheren vor allem Banken einen hohen Anpassungsdruck (Brock und Bieberstein 2015: 106 f.).

Der Begriff „FinTech" ist ein vergleichsweise junges Sammelwort. Es setzt sich aus den Teilbegriffen „Financial" (Service) und „Technology" zusammen (Rasche und Tiberius 2017: 2 f.).

Dementsprechend ist bereits umrissen, was es mit den FinTechs auf sich hat. Es handelt sich um einen „Kofferbegriff" für Finanzdienstleistungen, die (informations-) technologieunterlegt zur Verfügung gestellt werden (Jhoon 2015: S. 359 ff.).

Große digitale Plattformen wie Apple, Google, Alibaba und Amazon sicherten sich bereits wichtige Schnittstellen zum Kunden (Helmold und Terry 2016: 141 ff.).

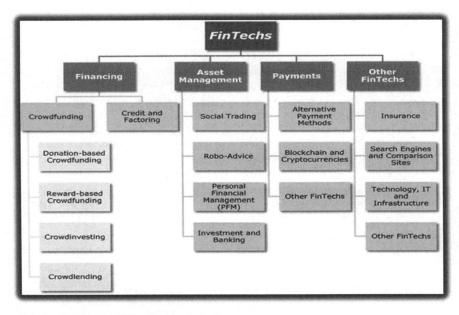

Abb. 1: Segments of the Fintech industry
Quelle: Dorfleitner et al. 2017: 6

Viele Finanzplattformen – wie beispielsweise der Anbieter PayPal – sind auf den neuen Markt ein- und abgestimmt. Sie gewannen mit der Ausbreitung des WWW an Bedeutung.

> "Online payment services, such as PayPal, started to pop up only a couple of years after the birth of the World Wide Web" (Gonzáles 2004).

Dementsprechend positionieren sich Third Party Provider (TPP(s) – Zahlungsauslösedienstleister und Kontoinformationsdienstleister –) um den Bankensektor, die derzeit gelebte Art der Kommunikation, die fokussierte und zielgruppenorientierte Nutzung von Informationen zu revolutionieren. Schnell, sicher, wettbewerbsankurbelnd, konsumentinnen- und konsumentenorientiert, das sind die Argumente für den Wandel. Das alles, um die Wünsche und Bedürfnisse von Kundinnen und Kunden zu erkennen, zu wecken, zu befriedigen und um der anbietenden Institution fol-

gernd zu möglichen Erträgen zu verhelfen (Brock und Bieberstein 2015: 111 ff.).
Wie wird die Bank der Zukunft aussehen? Welche Dienstleistung wird sie erbringen? Wird die Bank von heute noch auf den Zug in Richtung Finanzdienstleister von morgen aufspringen können? Oder werden Banken – wie wir sie noch heute kennen – pauschal durch innovative und digital exzellent positionierte Dienstleister substituiert? Die Vergangenheit belegt, wissenschaftlich verifiziert, dass nach Produktrevolutionen – daher sind auch Dienstleistungen angesprochen – und Produktsubstituierungen nie dieselben Marktteilnehmer diesen auch wieder bestimmten. Im Gegenteil, viele von den früheren Markführern verschwanden vom Wettbewerb. An dieser Stelle dürfen die Beispiele von Firmen wie Kodak oder Fuji-Film dargeboten werden (Hill, Jones und Schilling 2015: 233).

Die offerierten Produkte von den genannten Unternehmungen wurden von den neuen Marktführern hinsichtlich moderner und digitaler Speichermedien substituiert (Hill, Jones, und Schilling 2015: 233 f.).

Diese Marktöffnung, auch Open Banking genannt, die Ankurbelung des Wettbewerbs und die deutliche Untermauerung des Stellenwerts der Konsumentinnen und Konsumenten ermöglicht eine in Gang gebrachte Gesetzesnovelle. Vor dem Hintergrund der zuvor geschilderten Ausführungen ist die europäische Bankenlandschaft mit all ihren Produkten, Dienstleistungen und Standorten sicherlich eines der interessantesten nachzuverfolgenden Themenfelder, welche sich aktuell revolutionär in einem Strukturumbruch befinden (Langen 2015: 18 ff.).

1.1 Problemstellung

Das Geschäftsfeld des Zahlungsverkehrs hat sich in den letzten Jahren kontinuierlich weiterentwickelt. Dabei handelt es sich um eine logische Konsequenz aus der Ausdehnung der EU. Der erweiterte Handlungsspielraum birgt auch erhebliche Risiken (Dagott und Pfaffenberger 2014: 22 ff.).

Die Umsetzung von Verordnungen zur Schaffung einheitlicher Standards hinsichtlich rascher und sicherer Zahlungsvorgänge ist ein aktuelles Thema (Amtsblatt der Europäischen Union, Nummer L337, 2015a: Absatz 25), dem bargeldlosen Geldtransfer wird oberste Priorität zugesprochen (Djazayeri 2011: 18).

Seit Inkrafttreten der ersten Zahlungsdiensterichtlinie im Jahr 2009 (PSD I) hat sich der Zahlungsverkehrsmarkt in technischer Hinsicht stark weiterentwickelt. Die Mannigfaltigkeit elektronischer Zahlungsdienstleistungen und deren praktische Bedeutung haben weiter stark zugenommen. Mobile Zahlungen in Real-time-Geschwindigkeit sind im Massenmarkt angekommen. Ist es zu begrüßen, dass FinTech-Unternehmen diesen rasanten Trend noch weiter forcieren und ist zu gewährleisten, dass die regulatorischen Rahmenbedingungen Schritt halten? (Huch 2013: 46 f.)

Schon bei der nationalen Umsetzung der PSD I kam es zu Unklarheiten hinsichtlich dessen, welche Regularien auf welche Rolle in der „Chain" des Zahlungsverkehrsflusses schlagend werden:

> „As long as the operator is not an intermediary, the activities are not regulated by the PSD. This is very unclear despite the guidance from the FSA and EU [...]" (Mercado-Kierkegaard 2007: 175 ff.).

In wissenschaftlichen Kreisen wird die Entwicklung kontrovers diskutiert. Eindeutige Zielkonflikte lassen keine Zweifel daran, dass genauere Untersuchungen mehr als berechtigt sind. Eine Thematik wissenschaftlich kritisch zu hinterfragen, wird in Laienkreisen oft mit innovationsquerolierendem Verhalten verwechselt. Die erste PSD hat sich im nationalen Recht, z. B. in Österreich als ZaDiG I, einheitlich durchgesetzt und etabliert.

Wer sind schlussendlich die Profiteure dieses revolutionären Branchenwandels: die Verbraucher, die FinTechs, der Handel, die Banken? Und wann wird dieser Wandel schlagend? Gab es den „Kick-off" bereits, wird es einen „Big Bang" geben, oder schleicht sich die Änderung der Branchenlandschaft harmonisiert ein?

Einerseits werden die geschaffene, bestehende Banken-Infrastruktur und der Zugang zu sensiblen Kunden- bzw. Nutzerinnendaten für Drittanbieter geöffnet, innovative Geschäftsmodelle – noch ohne verifizierte empirische Ergebnisse über die tatsächliche erfolgreiche Anwendbarkeit zugewiesener Regulierungen – einer mittlerweile überhand nehmenden Regulierungsdichte unterstellt. Andererseits wird der substantielle, teils nur unter massivsten Anstrengungen zu bewerkstelligende Anpassungsbedarf der Banken an die neu geschaffenen Gegebenheiten trivialisiert. Punktuell zu untersuchen ist die implizierte Veränderung der Wertschöpfungskette des bargeldlosen Zahlungsverkehrs (Huch 2013: 35 ff.). Nach klarer und schlüssiger Unterlegung der Problemstellung, ausführlicher Darstellung der Ausgangssituation anhand zentraler Literatur und aktuell relevanten Fragestellungen aus der Praxis, werden im nächsten Kapitel die zugrundeliegenden Forschungsfragen dargelegt, welche thematisch um die tatsächliche operative Umsetzbarkeit von Teilbereichen des in der PSD II neu geregelten Zahlungsverkehrs kreisen. Durch die korrekte Anwendung wissenschaftlicher Forschungsmethoden werden im Laufe der vorliegenden Arbeit verifizierte Erkenntnisse gewonnen, analysiert und transparent aufgegliedert (Flick 2007: 50 f.).

1.2 Forschungsfragen

Für den Verfasser der vorliegenden Arbeit steht bei der Ausarbeitung der primären Forschungsfragen und in weiterer Folge der Ziele der Arbeit die thematisch korrekte Ableitung bzw. Abgrenzung eine wesentliche Aufgabe dar. Durch die konsistente und logische Durchführung, eine klare Definition und die wissenschaftliche und praktische Relevanz der Fragestellungen können weiters vier praxisorientierte Anwenderfragen – in Anlehnung an die Konzeption des Themas – expliziert werden. Aus der Gesamtheit der Forschungsfragen werden Ansätze zur eigenen Untersuchung deduziert.

Die zu untersuchenden Forschungsfragen werden wie folgt vorgestellt:

A.) Übergeordnete Primärfragen

- Wurde der Gesetzestext des ZaDiG II – hinsichtlich Wertstellung, Entgelten, Verfügbarmachung von Geldbeträgen und Spesenoptionen – von den von der Umsetzung betroffenen Institutionen einheitlich und korrekt verstanden?

Daraus schlussfolgernd:

- Wurden die zwingend notwendigen Änderungen und Adaptierungen einheitlich und korrekt umgesetzt?
- Kam es bei der Umsetzung des ZaDiG II zu Klumpenbildungen durch z. B. große regionale meinungsbildende Institutionen?
- Inwieweit wurden etwaige Änderungsvorgaben bewusst nicht umgesetzt – und welche Gründe kann es dafür geben?
- Gesetzlicher Spielraum: Welche Faktoren bestimmen institutionell die Stoßrichtung innerhalb des Spielraums?

B.) Fragen zur operativen Anwendung: Auslandsüberweisungen (non-SEPA)

- Inwiefern gibt es Erfahrungen, dass sich zwischengeschaltete Banken – gesetzeswidrig – Überweisungsbetrags-vermindernde Gebühren einbehalten?
- Gibt es im Tagesgeschäft den OUR-Auftrag (alle Gebühren zulasten Auftraggeber) – gesetzeskonform – nicht mehr?
- Wie wird die Schweiz unter der PSD II behandelt – und mit welchen (regulatorienkonformen) Begründungen?
- Was bedeutet die Gesetzespassage *„der Betrag muss sofort verfügbar gemacht werden [...]"* einerseits für die Verbraucherin und den Verbraucher, anderseits für die Banken oder die Finanzdienstleister im Detail?

1.3 Ziele und Abgrenzung der Arbeit

Um keine thematisch fundamentalen Aspekte zur Ausarbeitung und Definition der Ziele auszulassen bzw. unzulänglich zu behandeln, wird eine Top-down-Methodik angewendet (Bruno 2003: 62).

Aus der umfangreichen Gesamtheit des Themas werden Komponenten gebildet, die wiederum in reduziertere Teilbereiche aufgesplittet werden. Durch die strukturierte und methodische Vorgangsweise wird sichergestellt, dass weder Haupt- noch Nebenaspekte falsch eingeschätzt werden oder gar unbehandelt bleiben (Bruno 2003: 66 f.).

Generell wird sich der Verfasser des Werkes an die „SMART"-Zieldefinition anlehnen, die mit den Variablen „spezifisch", „messbar", „attraktiv", „realistisch" und „terminiert" auf klare Vorgaben verweist, anhand derer das komplexe Verfahren aufgeschlüsselt und die Hintergründe der Forschungsfragen definiert werden, wodurch der Anlass zur kritischen Reflexion gegeben ist (Wille 1998: 31 f.).

Vielfältige Überweisungs- und Kombinationsmöglichkeiten werden dadurch angeführt, dass Banken Pauschalgebühren und Einzelpreise, mit bis zu zehn Vorgängen, für bestimmte Leistungen frei wählen und diese miteinander in Verbindung setzen (Bröker 2014: 23 f.).

Die grundsätzliche Einfachheit eines Überweisungsvorgangs wird als ein verbindlicher Geschäftsauftrag durch ein Geldinstitut betitelt, um vom Konto eines Auftraggebers einen bestimmten Geldbetrag auf das Konto eines Empfängers zu übermitteln (Weidtmann 2016: 24).

Vor dem Hintergrund dessen, dass es bei der europaweiten nationalen Umsetzung der PSD I belegbare Divergenzen gab, die bis zur Einführung der adaptierten und überarbeiteten Version, der PSD II, nicht zur einheitlichen Umsetzung gelangten, werden Teilaspekte – den grenzüberschreitenden Zahlungsverkehr betreffend – des ZaDiG II in der vorliegenden Arbeit kritisch erörtert. Die zu hinterfragenden Entwicklungstendenzen werden insbesondere durch die fortschreitende Europäisierung aufgezeigt (Arndt 2012: 26).

In diesem Zusammenhang wird durch die vorliegende Arbeit der Anspruch gestellt, eine theoretische und praktische Unterstützung anzubieten. Die Manigfaltigkeit der Zahlungsverkehrsprodukte soll eingeschränkt werden können. Klarheit und anwenderorientierte Transparenz werden durch kritische Reflexionen offenbart. Von einer Infragestellung der gültigen und bestehenden Regulationsmechanismen wird jedoch definitiv Abstand genommen.

1.4 Woran und wie wird geforscht: Erhebungsinstrumente

Untersucht wird auf der einen Seite mittels deutschsprachiger Grundlagenliteratur, englischsprachiger Originalliteratur, einschlägigen Fachpublikationen, Amtsblättern der Europäischen Union, auf der anderen Seite anhand internationaler spezifischer Journale, online basierender qualitativer und beständiger Quellen und Gesetzestexten.

Themenbereiche und Beispiele mit realem Praxishintergrund:

Die Schweiz ist durch ein bilaterales Abkommen mit der Europäischen Union der SEPA beigetreten, ist jedoch weder in der EU, noch im Abkommen des EWR, noch in der Europäischen Währungsunion (Dolzan 2015: 312).

Brüssel muss es demnach den Ländern der EU an sich freistellen, die Schweiz als SEPA-Land zu behandeln. Der Einfachheit halber handeln viele EU-Staaten danach.

- Dementsprechend ist es einerseits nicht erlaubt, Überweisungen in der Währung EUR oder z. B. in CHF (Schweizer Franken) mit der Entgeltvariante BEN (alle Gebühren übernimmt der Empfänger) zu tätigen,
- andererseits werden immer wieder zahlreiche Aufträge aus der Schweiz mittels Option BEN versendet. An dieser Stelle darf angemerkt werden, dass offenbar mit zweierlei Maß gemessen wird.

Im EWR-Raum, egal welche Währung überwiesen wird, ist durch die PSD II geregelt, dass nur mehr die Entgeltvariante SHA (Spesenteilung) verwendet werden darf. Die Option OUR hingegen (alle Spesen zulasten Auftraggeber) ist nicht mehr gestattet. Dies wird auch auf vielen Banken-Homepages kommuniziert (sofern keine Konvertierung der Währung notwendig ist).

- Es werden die sogenannten OUR-Aufträge weiterhin versendet und empfangen.
- Zahlreiche Gründe machen es praktisch unmöglich, auf OUR-Aufträge zu verzichten.
- Es ist definitiver Kundinnen- und Kundenwunsch, OUR-Aufträge weiterhin zu versenden und zu empfangen.

Es ist mitunter eines der Ziele dieser wissenschaftlichen Arbeit, die Beweggründe zu eruieren, weshalb der OUR-Auftrag in der Praxis immer noch verlangt und angeboten wird. Dem Zahlungsdienstegesetz zufolge ist es nicht gestattet, dass Router, zwischengeschaltete Banken, den Überweisungsbetrag um entsprechende Gebühren verringern und demzufolge weniger als der Ordering Amount am Empfängerkonto einlangt.

- Es werden – empirisch belegbar – weiterhin bei zahlreichen Aufträgen anfallende Gebühren durch Zwischenbanken einbehalten.

Dieses offenbar kollektive Verhalten wird in diesem Werk ebenso ergründet, wie die differierenden bankinternen Aus- und Aufarbeitungen des Gesetzestextes:

- Wie wurde vorgegangen?
- Welche Bankabteilungen waren in die Umsetzung der PSD II involviert?
- Wie sah die WBS (Work-(Pagage)-Breakdown-Structure) – im etwaigen Projekt *„PSD II-Umsetzung"* – im Detail aus?
- Welche Arbeitspakete wurden schlussfolgernd ausgearbeitet?
- Welche Verständnisschwierigkeiten gab es und wie wurde mit diesen Problemen, ergo etwaigen Risiken umgegangen?

Es ist erkennbar, dass sich Banken bei Verständnisschwierigkeiten bezüglich dem PSD-II-Gesetzestext und daraus resultierend bei der folgenden Umsetzung gegenseitig unterstützten:

- Welche Risiken birgt eine z. B. regionale Klumpenbildung bei der Implementierung der PSD II in sich?
- Warum schließt sich ggf. eine Bank „A" einer Bank „B" bei der Art des Verständnisses einzelner Punkte der PSD II an?

Ein weiterer primärer Untersuchungsgegenstand ist die aktuelle und wissenschaftlich-empirisch interessante Frage an Zahlungsverkehrsexpertinnen und -experten, ob die kommunizierte Erweiterung des Europäischen Zahlungsverkehrsraums auch tatsächlich Vergünstigungen für die Verbraucher mit sich bringt und Überweisungen durch die PSD II nachweislich wirklich rascher sind. Aus dieser Frage leitet sich ein zusätzlicher Gegenstand der Untersuchung ab:

- Wie wird der gegebene Spielraum bei der Wertstellung von Geldbeträgen in der Praxis gelebt?
- Kann es realistisch betrachtet eine Tatsache darstellen, dass Banken sich bei dieser Thematik wiederum austauschen – beispielsweise von Region zu Region?

Zur Untersuchung der Forschungsgegenstände und zur Ausarbeitung der Forschungsfragen werden qualitative Forschungsmethoden anwenden. Es wird davon ausgegangen, dass Akteurinnen und Akteure auf der Grundlage von Bedeutung handeln. Beweggründe für diverses Handeln oder Sinnstrukturen von Entscheidungen werden anhand der Forschungsfragen erörtert (Strauss 1994: 16 f.).

Die anspruchsvollen Analysefelder werden auf der einen Seite durch zahlreiche fundierte literarische Quellen – in qualitativer und quantitativer Hinsicht – im Detail beleuchtet. Auf der anderen Seite kommt eine empirische Methodik zur Anwendung. Durch teilstrukturierte und qualitativ geführte Experteninterviews werden Informationen systematisch erfasst und erweitern die Perspektive (Atteslander 2008: 4 ff.).

Die offenen Fragestellungen werden konkretisiert, um den interviewten Personen einen nur geringen Antwortspielraum zu gewähren (Atteslander 2008: 128).

Der Interviewer verzichtet bewusst auf psychologische Fragen und konzentriert sich auf den Wissensabgleich durch die zum Interview eingeladenen Expertinnen und Experten (Meuser und Nagel 1991: 69 ff.).

Offenheit, Breite, Nähe und Interdisziplinarität ersetzen teilweise Struktur und Repräsentativität (Berger-Grabner 2013: 126 f.).

Die gewählte Art der Fragenstellung bildet lediglich ein Gerüst und belässt dem Interviewer weitgehend Entscheidungsfreiheit (Gläser und Laudel 2010: 142).

Ziel ist es, die Validität sicherzustellen und manifeste Informationen durch paraphrasierende Transkription zu generieren. Der Verfasser des Werkes strebt eine Sprachaufnahme der Gesprächsinhalte an (Atteslander 2008: 129 ff.).

Die im Rahmen der empirischen Sozialforschung gewählte Methode des offenen Experteninterviews bedarf Wissen und Interesse des Interviewers am Fachgebiet der Expertin oder des Experten. Professionalität trägt maßgeblich zur Verlässlichkeit der zu analysierenden Daten bei (Atteslander 2008: 102 ff.).

Durch die Anwendung von Literaturrecherchen und einer empirischen Untersuchung werden informationsbasierende Zusammenhänge abgeleitet und thematische Datenvergleiche angestellt (Atteslander 2008: 243 ff.).

Durch die paraphrasierte Transkription der Interviewinformationen und Daten kann das Material direkt einzelnen Kategorien zugeordnet werden (Strauss 1998: 35 f.).

Bezugnehmend auf die Auswertung der Inhalte wird angemerkt, dass eine Datensättigung erst dann als erreicht bezeichnet wird, wenn keine weiteren Ausprägungen – im Hinblick auf Antworten – mehr möglich sind (Mayring 2010: 85 ff.; Strauss 1998: 47 f.).

Die methodische Auswertung wird anhand direkter Kodierung und Kategorienbildung bewerkstelligt (Strauss 1998: 61 ff.).

Im Speziellen wird darauf geachtet:

- Keine Redundanzen bei der Interpretation von Daten.
- Abweichende Fälle werden einer Prüfung unterzogen.

Ergebnisse werden zum einen anhand von Gütekriterien-Basics überprüft:

- Reliabilität
- Validität

Zum anderen werden weitere Gütekriterien zur Anwendung gelangen, um schlussendlich die sogenannte Konstruktvalidität bestätigen zu können (Mayring 2010: 122 ff.).

Die sozialwissenschaftliche Methodenlehre besagt, dass die Zuverlässigkeit und Genauigkeit (Reliabilität) sowie Gültigkeit (Validität) wissenschaftlich bestätigt werden können (Friedrichs 1973: 100 ff.).

Als Grundsatz darf an dieser Stelle nicht außer Acht gelassen werden, dass es eine Priorität darstellt, die Angemessenheit anwendbarer Methoden am Untersuchungsgegenstand fundiert beurteilen zu können. Die gewonnene Erkenntnis lässt den Schluss zu, dass die Beurteilungsfähigkeit einer adäquaten wissenschaftlichen Methode eine der zentralen und im Fokus stehenden Voraussetzungen für hochwertiges und qualitatives Forschen repräsentiert (Helfferich 2004).

1.5 Erwartete Ergebnisse

Primärziel ist die detailreiche und konkrete Beantwortung der zugrundeliegenden Forschungsfragen. Durch die korrekte und adäquate Anwendung wissenschaftlicher Methodik werden Frageninhalte verifiziert oder falsifiziert. Die durch die vorliegende Arbeit gewonnenen Erkenntnisse stellen in weiterer Folge den Anspruch, eine literarische, aber auch praxisbezogene Hilfestellung zu bieten (Ambos 2001: 4).

Des Weiteren dürfen folgende zu erwartenden Ergebnisse angeführt werden:

- Erkennen, Ableiten oder Generierung von Alternativen.
- Erörterung von sozialpsychologischen Aspekten bei rational nicht nachvollziehbaren Handlungsweisen.
- Findung und Ergründung neuer, innovativer, moderner oder konservativer Perspektiven.
- Aufschlüsselung und Definition etwaiger Kausalitäten, Korrelationen vs. Regressionen.
- Verständnisfindung und Untersuchung diversester Sichtweisen und Handlungsansätze.
- Selektion von Verhaltensmustern und Motiven.
- Generierung von sachlich nachvollziehbaren Schlussfolgerungen.

Eine positive Handlungsempfehlung, die das Werk beschließende Diskussion der Ergebnisse sowie die sachliche und neutrale Stellungnahmen des Autors runden die Arbeit wissenschaftlich-professionell ab.

2 Theoretische Grundlagen

Im zweiten Kapitel der Arbeit wird die PSD II im Rahmen eines Überblicks umrissen, um basisbildende Informationen zu transportieren und in weiterer Folge einen geordneten strukturellen Aufbau zu gewährleisten. Als Vorgangsweise wird, wie bereits angesprochen, eine Top-down-Methodik herangezogen (Heche 2004: 47).

Das Denken in Details wird als wesentlich empfunden, um auch komplexe Themen aufgliedern und dementsprechend aufarbeiten zu können (Heche 2004: 2 ff.).

Die gegebenen Umstände zum Umbruch im Bankenbereich ermöglicht die Payment Services Directive II, welche im Anschluss näher beleuchtet wird (Huch 2014: 2).

Die rasante Entwicklung im Zahlungsverkehrsmarkt, die Eingliederung innovativer und neuer Technologien – auch Geschäftsmodelle infolge der Digitalisierung – führen zu diversesten komplexen Anpassungserfordernissen (Moormann et al. 2016: Kapitel 2 u. 3).

> „As an outcome of these changes, the need to regulate the payment service industry has become more prevalent over the last two decades [...]" (Salmony 2014: 156 ff.).

Darauf begründet wurde Ende 2015 die überarbeitete Zahlungsdiensterichtlinie II ((EU) 2015/2366, Payment Services Directive II, kurz PSD II) mit einer Reihe von Regelungen erlassen, um umfassenderen Wettbewerb zu ermöglichen und die Sicherheit im Zahlungsverkehr zu erhöhen (Hellenkamp 2018: 153 f.).

Die PSD II – Zahlungsdiensterichtlinie – auf EU-Ebene musste bis zum 13. Januar 2018 in nationales Recht umgesetzt werden. In Österreich bewerkstelligt dieses zwingend umzusetzende Gesetz das Zahlungsdienstegesetz II (ZaDiG II). Aufgrund der mehrheitlich vollharmonisierten Vorschriften der PSD II besteht weitgehend kein nationaler Spielraum bei der Umsetzung (Bamberger, Derleder und Knops 2017: 1778 ff.).

> „Typically EU-directives need to be transposed into national law within two years after officially accepted [...]" (McKenna 2014).

Die PSD II sieht im Wesentlichen drei Hauptaufgaben mit folgenden Maßnahmen vor (Hierl 2017: 167 f.):

- Regulierung dritter Zahlungsdienstleister.
- Einführung der starken Kundenauthentifizierung bei der Durchführung von Online-Zahlungen.
- Festlegung klarer und kundenfreundlicher Haftungsregeln bei nicht autorisierten Zahlungen.

Das ZaDiG II (PSD-II-Umsetzung auf nationaler Ebene) hat in Österreich derzeit Auswirkungen auf 6.500.000 Konsumentinnen und Konsumenten. Durch die Aufnahme der dritten Zahlungsdienstleister in den Rechtsrahmen steigt das Angebot von Zahlungsdienstleistungen an Konsumentinnen und Konsumenten. Des Weiteren wird die Rechtsstellung des Kunden bei nicht autorisierten Zahlungsvorgängen gestärkt (Parlament der Republik Österreich 2018).

Die zuvor genannten drei Hauptthemen granular formuliert:

Keine zusätzlichen Entgelte mehr bei Kartenzahlungen: Händler dürfen ab 13. Januar 2018 keine gesonderten Entgelte mehr für gängige Kartenzahlungen, SEPA-Überweisungen und Lastschriften in Euro erheben. Dies gilt europaweit für Buchungen und Einkäufe sowohl im stationären Handel als auch im Internet (Huch 2014: 34 ff.).

Haftungsgrenze sinkt von EUR 150,00 auf EUR 50,00: Opfer eines Missbrauchs der Bank- oder Kreditkarte, Lastschriftverfahren oder des Online-Banking haften – ausgenommen sind grobe Fahrlässigkeit oder Vorsatz – künftig nur mehr mit maximal EUR 50,00 (Bamberger, Derleder und Knops 2017: 1787).

Mehr Verbraucherrechte bei Fehlüberweisungen: Bei nicht autorisierten Überweisungen, etwa wegen Missbrauch, müssen Banken den fälschlich abgebuchten Betrag zurückerstatten (Parlament der Republik Österreich 2018).

Achtwöchiges Erstattungsrecht bei SEPA-Lastschriften gesetzlich verankert: Verbraucher können sich ohne Angabe von Gründen den Geldbetrag erstatten lassen (Bundesverband Öffentlicher Banken Deutschlands, VÖB 2017: Kapitel: Bewertung).

Aufsicht auf weitere Zahlungsdienste erstreckt: Zahlungsauslösedienste und Kontoinformationsdienstleister werden reguliert und der Aufsicht der Bundesanstalt für Finanzdienstleistungsaufsicht unterstellt (Gesetz über die Beaufsichtigung von Zahlungsdiensten 2018: 7 ff.).

Starke Kundenauthentifizierung erforderlich: Die Bank muss eine starke Kundenauthentifizierung verlangen. Und zwar dann, wenn der Kunde online auf sein Zahlungskonto zugreift, einen elektronischen Zahlungsvorgang auslöst oder über einen Fernzugang eine Handlung vornimmt. Der Kunde muss aus drei Kategorien: 1. Wissen, zum Beispiel ein Passwort; 2. Besitz, etwa eine Chipkarte; 3. Inhärenz, zum Beispiel biometrische Eigenschaften, mindestens zwei Kategorien vorweisen (Brühl und Dorschel 2018: 397).

Ausnahmen von starker Kundenauthentifizierung geplant: Überweisung von Kleinstbeträgen (Mülbert 2017: 261).

Reservierung von Kartenzahlungen nur mit Zustimmung: Zum Beispiel lassen viele Hotels oder Autovermietungen zu ihrer Absicherung bereits bei Buchung oder Anmietung einen Geldbetrag auf dem Kartenkonto des Kunden sperren. Mit der Einführung der PSD II müssen Kundinnen und Kunden einer Reservierung zustimmen (Mülbert 2017: 309).

Für den grenzüberschreitenden Zahlungsverkehr ergeben sich im Detail folgende Anpassungen:

- Die PSD II regelt nun nicht nur EU- und EWR-Währungen, sondern sämtliche Währungen für die Teile einer Transaktion, die sich im EU/EWR-Raum befinden. Hier gibt es Ausnahmen bzw. Ergänzungen bezüglich versendeter Währung versus der kontoführenden Währung.
- Die Wertstellung und die Verfügbarmachung von Geldbeträgen wird durch die PSD II erstmals klar geregelt.
- Überweisungen – egal welcher Währung – sollen im EU/EWR-Raum grundsätzlich nur mehr mit der Gebührenoption SHA (share – Spesenteilung) durchgeführt werden.

- Die Option OUR (sämtliche Gebühren übernimmt der Auftraggeber) entfällt bei Überweisungen im EU/EWR-Raum, egal welcher Währung, bei Nicht-Konvertierung am zu belastenden Verbraucherkonto.
- Die Option BEN (sämtliche Gebühren übernimmt der Empfänger) ist bereits durch PSD I nicht mehr gültig.
- Zwischengeschaltete Banken, sogenannte Intermediary Banks oder Zwischenbanken, Router, dürfen sich bei Überweisungen im EU/ERW-Raum keine den Überweisungsbetrag verringernden Entgelte oder Gebühren einbehalten. Egal in welcher Währung die Überweisung durchgeführt wird. Der Überweisungsbetrag muss ohne Abzüge am Empfängerkonto ankommen und als solcher verbucht werden. Der Zahlungsdienstleister des Begünstigten kann mit der Kundin oder dem Kunden jedoch vereinbaren, Entgelte zu berechnen und diese in einem Buchungsvorgang zu lösen. Der eingegangene Überweisungsbetrag muss als dieser kommuniziert und sichtbar gemacht werden. Die Entgelte als eigener Posten ebenso (Bamberger, Derleder und Knops 2017: 2079 ff.; Huch 2014: 45 f.; Wandhöfer 2010: 193; Breuer und Schweizer 2003: 91 f.).

Im weiteren Verlauf des Werks wird Schritt für Schritt konkreter und detailreicher in die Materie des regulierten Europäischen Zahlungsverkehrs eingedrungen. Die Europäische Integration, die Ziele der EU, Organisation und Aufbau des Eurosystems und zahlreiche weitere Sachverhalte werden tiefgründig erörtert.

2.1 Die Europäische Integration

Die Unterfertigung der Römischen Verträge war einer der wesentlichsten Grundsteine für den sogenannten europäischen Einigungsprozess. Diese kontrovers diskutierten Verträge jährten sich 2018 zum einundsechzigsten Mal. Der sich laufend weiterentwickelnde europäische Einigungsprozess lässt sich auf einer Zeitskalierung anhand von Etappen und Meilensteinen – in Anlehnung an die Darbietung des Europäischen Parlaments – wie folgt abbilden:

Die Europäische Integration

1950 Am 9. Mai verkündet der französische Außenminister Robert Schuman seinen Plan, Europa friedlich zu einigen.

1951 Belgien, die Bundesrepublik Deutschland, Frankreich, Italien, Luxemburg und die Niederlande unterzeichnen in Paris den Vertrag zur Gründung der Europäischen Gemeinschaft für Kohle und Stahl (EGKS).

1952 Erstmals tritt die die „Gemeinsame Versammlung" der EGKS in Straßburg zusammen. Mitglieder sind 78 Abgeordnete aus den nationalen Parlamenten der sechs Mitgliedsstaaten. Die Versammlung hat keine Gesetzgebungsrechte.

1957 gründen die sechs EGKS-Staaten in Rom die Europäische Wirtschaftsgemeinschaft (EWG) und die Europäische Atomgemeinschaft (EURATOM).

1958 wird die Zuständigkeit der parlamentarischen Versammlung auf alle drei Gemeinschaften, EGKS, EWG und EURATOM, ausgeweitet. Die Versammlung hat zu diesem Zeitpunkt 142 Abgeordnete und gibt sich selbst den Namen „Europäisches Parlament".

1967 werden aus Rat und Kommission, die bis dahin noch für jede der drei Gemeinschaften getrennt aufgetreten waren, einheitliche Organe.

1970 erhält die Gemeinschaft erstmals eigene Einnahmen; zuvor war sie durch Beiträge der Mitgliedsstaaten finanziert worden. Damit wird eine Haushaltsgesetzgebung nötig. Die Mitgliedsstaaten räumen dem Parlament erstmals gesetzgeberische Befugnisse ein. Seither ist es an der Aufstellung und Verabschiedung des Haushalts beteiligt.

1973 wächst die Gemeinschaft von sechs auf neun Staaten: Dänemark, Großbritannien und Irland treten ihr bei.

1979 werden die Abgeordneten des Europäischen Parlaments zum ersten Mal direkt gewählt.

1981 wird die Gemeinschaft nach Süden erweitert: Griechenland wird Mitglied.

1986 Die Gründungsverträge der drei Gemeinschaften werden durch die „Einheitliche Europäische Akte" erstmals umfassend geändert. Die „Süderweiterung" wird 1986 mit den Beitritten von Spanien und Portugal fortgesetzt.

1992 wird das Europäische Parlament durch den „Maastrichter Vertrag" mit neuen Rechten und Kompetenzen ausgestattet. Am 31. Dezember werden die langjährigen Vorarbeiten für den Binnenmarkt abgeschlossen.

1995 wächst die Gemeinschaft auf 15 Staaten: Finnland, Österreich und Schweden treten bei.

1999 wird der Euro offiziell in elf Mitgliedsstaaten eingeführt. Im Mai tritt der „Vertrag von Amsterdam" in Kraft. Die Befugnisse des Europäischen Parlaments werden dadurch erneut bedeutend erweitert. Das Mitentscheidungsverfahren wird auf weitere Bereiche ausgedehnt.

2001 wird der „Vertrag von Nizza" unterzeichnet: die vierte umfassende Änderung der Gründungsverträge der Europäischen Gemeinschaft und der Europäischen Union. Griechenland tritt als zwölfter Staat der Währungsunion bei.

2002 wird der Euro als Bargeld eingeführt. Im Februar beginnt der Konvent zur Zukunft Europas seine Arbeiten an einer weiteren umfassenden Änderung des EG- und EU-Vertrages. Im Dezember beschließt die EU, dass am 1. Mai 2004 Estland, Lettland, Litauen, Polen, die Tschechische Republik, die Slowakei, Slowenien, Ungarn sowie die Mittelmeerinseln Malta und Zypern der EU beitreten. Mit diesen Staaten hat die EU seit 1998 bzw. seit 2000 Verhandlungen über ihren Beitritt geführt.

2003 werden im April in Athen die Beitrittsverträge mit den zehn neuen Mitgliedern unterzeichnet. Der Konvent zur Zukunft Europas legt einen Entwurf des Vertrages über eine Verfassung für Europa vor.

2004 Am 1. Mai treten Estland, Lettland, Litauen, Polen, die Tschechische Republik, die Slowakei, Slowenien, Ungarn sowie die Mit-

Die Europäische Integration 19

telmeerinseln Malta und Zypern der EU bei. Am 13. Juni finden in 25 Mitgliedsstaaten die 6. Direktwahlen zum Europäischen Parlament statt. Am 29. Oktober 2004 unterzeichnen die Staats- und Regierungschefs in Rom den Vertrag über eine Verfassung für Europa.

2005 Im April werden die Beitrittsverträge mit Bulgarien und Rumänien unterzeichnet. Am 29. Mai und 1. Juni stimmt die Bevölkerung in Frankreich und der Niederlanden gegen den Verfassungsvertrag. Die negativen Referenden lösen eine Reflexionsphase über die Zukunft der Union aus.

2007 Rumänien und Bulgarien werden am 1. 1. 2007 Mitglieder der EU. Die Zahl der Parlamentsabgeordneten steigt auf 785. In Slowenien wird mit Jahresbeginn der Euro eingeführt.

2008 Malta und Zypern führen mit Jahresbeginn den Euro ein. Im Juni stimmen die Iren in einem Referendum gegen den „Vertrag von Lissabon". Der Europäische Rat beschließt dennoch, den Ratifizierungsprozess fortzusetzen. Im Herbst wird die Weltwirtschaft von einer schweren Finanzkrise getroffen.

2009 Der Euro wird gesetzliches Zahlungsmittel in der Slowakei. Im Juni finden in allen EU-Mitgliedsstaaten die Europawahlen statt, 736 Europaparlamentarier werden gewählt. Nach einem positiven Referendum in Irland im Oktober und der Ablehnung der Verfassungsklage vor dem tschechischen Verfassungsgericht am 3. November 2009 tritt der Vertrag von Lissabon zum 1. Dezember in Kraft.

2010 Im Februar bestätigt das Parlament die „Barroso-II-Kommission" im Amt. EU-Regierungschefs und der Europäische Rat verabschieden die Strategie „Europa 2020" und nehmen Beitrittsverhandlungen mit Island auf. Die Euroländer entscheiden, Griechenland angesichts seines Haushaltsdefizits mit einem Hilfspaket zu unterstützen (Haas 2017: 140 ff.)

2011 Estland wird das 17. Mitglied des Euroraums. Die Europäische Bankaufsichtsbehörde, die Europäische Aufsichtsbehörde für das Versicherungswesen und die betriebliche Altersversorgung sowie die Europäische Wertpapieraufsichtsbehörde nehmen ihre Arbeit auf.

2012 Alle Mitgliedsstaaten, außer dem Vereinigten Königreich und der Tschechischen Republik, einigen sich auf einen neuen Vertrag über Stabilität, Koordinierung und Steuerung in der Wirtschafts- und Währungsunion. Die Schaffung des Europäischen Stabilitätsmechanismus (ESM) wird vertraglich beschlossen und tritt noch im selben Jahr in Kraft. Der Europäische Rat gewährt Serbien Kandidatenstatus. Die Europäische Union erhält den Friedensnobelpreis (Brasche 2013: 398).

2013 Der bereits im Vorjahr beschlossene „Fiskalpakt" tritt in Kraft. Am 1. Juli wird Kroatien der 28. Mitgliedsstaat der EU (Eigen 2013: 50 ff.).

Einerseits ist die europäische Integration wohl die bedeutendste politische Entwicklung im Europa der Nachkriegszeit, andererseits wurde sie aber lange Zeit durch einen Elitenkonsens vorangebracht – ohne in der innenpolitischen Öffentlichkeit der Europäischen Mitgliedsstaaten großartig diskutiert zu werden. Von Beitrittsreferenden abgesehen bleiben europäische Themen der Tagespolitik deswegen meist fern (Schulz und Walter 2008: 40 ff.).

Zahlreiche Theorien zur europäischen Integration beschäftigen sich mit einem „moving target": einem politischen Phänomen, das sich parallel zu einer wissenschaftlichen Darbietung, Beschreibung und Beobachtung immer wieder verändert und transformiert (Bieling und Lerch 2006: 9).

Die klassischen Ansätze sind:

i) Föderalismus (Große Hüttmann, Martin; Fischer, Thomas, in Bieling und Lerch 2006: 41 ff.).
ii) Neo-Funktionalismus (Wolf, Dieter, in Bieling und Lerch 2006: 65 ff.).
iii) Intergouvernementalismus (Bieling, Hans-Jürgen, in Bieling und Lerch 2006: 91 ff.).

iv) Marxistische Politische Ökonomie (Beckmann, Martin, in Bieling und Lerch 2006: 117 ff.).

Im nächsten Abschnitt liegt der Fokus bei den Zielen und Werten der Europäischen Union (EU).

2.1.1 Ziele und Werte der Europäischen Union

Die EU-Mitgliedsländer teilen und leben gemeinsam die definierten Ziele und Werte der EU. Das Wohlergehen von Bürgerinnen und Bürger steht an oberster Stelle. Sie streben eine Gesellschaft an, in der Toleranz und Inklusion auf der einen Seite, Solidarität, Nichtdiskriminierung und Rechtsstaatlichkeit auf der anderen Seite eine Selbstverständlichkeit darstellen. Der europäische Lebensstil wird darauf basierend geprägt (Borchardt 2015: 60 ff.).

Folgende sind demnach die Primärziele der EU:

- Förderung des Friedens
- Freiheit, Sicherheit und Rechtsstaatlichkeit ohne Binnengrenzen
- Eine wettbewerbsfähige Marktwirtschaft bei Vollbeschäftigung, sozialem Fortschritt und Schutz der Umwelt
- Nachhaltige Entwicklung auf der Grundlage von ausgeglichenem Wirtschaftswachstum und Preisstabilität
- Achtung ihrer reichen kulturellen und sprachlichen Vielfalt, Gründung einer Wirtschafts- und Währungsunion, deren Währung der Euro ist
- Eindämmung sozialer Ungerechtigkeit und Diskriminierung, Förderung des wissenschaftlichen und technologischen Fortschritts
- Stärkung des wirtschaftlichen, sozialen und territorialen Zusammenhalts und Solidarität zwischen den Mitgliedsländern (Schriegel 2003: 4 ff.).

Die Werte der EU werden wie folgt geschildert:

Würde des Menschen
Die Würde des Menschen ist unantastbar. Sie ist zu achten und zu schützen. Sie bildet das eigentliche Fundament der Grundrechte.

Freiheit
Die Freizügigkeit ermöglicht Bürgerinnen und Bürgern, innerhalb der EU zu reisen und ihren Wohnsitz zu wählen. Persönliche Freiheiten wie die Achtung des Privatlebens, Gedankenfreiheit, Religionsfreiheit, Versammlungsfreiheit, die Freiheit der Meinungsäußerung und Informationsfreiheit sind durch die EU-Charta der Grundrechte geschützt (Borchardt 2015: 60 ff.).

Demokratie
Die Arbeitsweise der Union beruht auf der repräsentativen Demokratie. Europäische Bürgerinnen und Bürger genießen bestimmte politische Rechte. Jeder erwachsene EU-Bürger hat das aktive und passive Wahlrecht für die Wahlen zum Europäischen Parlament. Er oder sie kann sich sowohl im Wohnsitzland als auch im Herkunftsland zur Wahl stellen (Kirchhof, Kube und Schmidt 2016; Kayser, Kollermann 2011: 2ff.)

Gleichstellung
Bei der Gleichstellung geht es um gleiche Rechte aller Bürgerinnen und Bürger vor dem Gesetz. Die Gleichstellung von Frauen und Männern ist Teil aller politischen Maßnahmen der EU und Grundlage der europäischen Integration. Sie gilt für alle Bereiche. Der Grundsatz des gleichen Lohns für gleiche Arbeit wurde bereits 1957 vertraglich festgeschrieben. Zwar ist die Gleichstellung noch nicht vollständig verwirklicht, doch hat die EU bedeutende Fortschritte erzielt.

Rechtsstaatlichkeit
Die EU beruht auf dem Grundsatz der Rechtsstaatlichkeit. Alle ihre Tätigkeiten stützen sich auf freiwillig und demokratisch von ihren Mitgliedsländern vereinbarte Verträge. Recht und Gesetz werden von einer unabhängigen Justiz aufrechterhalten. Die Mitgliedsländer haben dem Europäischen Gerichtshof die Befugnis übertragen, in letzter Instanz zu entscheiden. Seine Urteile müssen von allen respektiert werden.

Menschenrechte
Die Menschenrechte sind durch die Charta der Grundrechte der Europäischen Union garantiert. Dazu gehören das Recht auf Freiheit von Diskriminierung aufgrund des Geschlechts, der Rasse oder der ethnischen Herkunft, der Religion oder der Weltanschauung, einer Behinderung, des Alters oder der sexuellen Ausrichtung sowie das Recht auf den Schutz personenbezogener Daten oder des Zugangs zur Justiz.

Die EU baut auf diesen gemeinsam definierten und festgelegten Zielen und Werten auf. 2012 wurde sie für ihren Einsatz für Frieden, Versöhnung, Demokratie und Menschenrechte in Europa mit dem Friedensnobelpreis ausgezeichnet (Brasche 2013: 398).

Abb. 2: **Visuelle Darstellung der EU-Ziele**
Quelle: teachSam, [online] http://www.teachsam.de/politik/eu/eu_5.htm [07.04.2018]

Auf der nächsten Seite wird bewusst visuell veranschaulicht, dass es vielfältige und in sich verschiedene EU-Ziele gibt, mit kurz-, mittel- oder auch langfristigen Ausrichtungen.

Abb. 3: **Visuelle Darstellung der EU-Klima-Ziele bis 2030**
Quelle: wwf, [online] http://www.wwf.de/themen-projekte/klima-energie/
klimaschutz-und-energiewende-in-europa/eu-energie-und-klimapolitik-
bis-2030/ [07.04.2018]

2.1.2 Institutionen der EU

Die Institutionen und das zugrundeliegende Gefüge der Europäischen Union stellen sich wie folgt dar:

- Europäisches Parlament
- Europäischer Rat

- Rat der Europäischen Union
- Europäische Kommission
- Gerichtshof der Europäischen Union (EuGH)
- Europäische Zentralbank (EZB)
- Europäischer Rechnungshof
- Europäischer Auswärtiger Dienst (EAD)
- Europäischer Wirtschafts- und Sozialausschuss (EWSA)
- Europäischer Ausschuss der Regionen (AdR)
- Europäische Investitionsbank (EIB)
- Europäischer Bürgerbeauftragter
- Europäischer Datenschutzbeauftragter (EDSB)
- Interinstitutionelle Einrichtungen

Im einzigartigen institutionellen Gefüge der EU:

- werden die allgemeinen politischen Prioritäten vom Europäischen Rat vorgegeben, in dem die EU-Staats- und Regierungschefs vertreten sind (Heilsberger 2016: 191).
- vertreten direkt gewählte Abgeordnete die europäischen Bürgerinnen und Bürger im Europäischen Parlament (Heilsberger 2016: 191).
- vertritt die Europäische Kommission, deren Mitglieder von den Regierungen der Mitgliedsstaaten ernannt werden, die allgemeinen Interessen der EU (Hell 2010: 89).
- verteidigen die Regierungen der Mitgliedsländer die Interessen ihres Landes im Rat der Europäischen Union (Heilsberger 2016: 191)

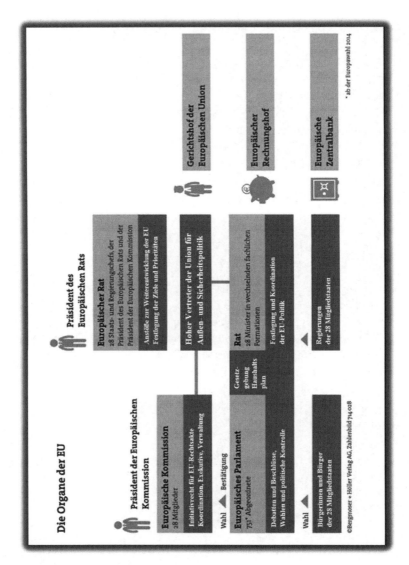

Abb. 4: Visuelle Darstellung der EU-Organe
Quelle: Bundeszentrale für politische Bildung, [online] http://www.bpb.de/izpb/183748/das-europaeische-parlament-am-vorabend-der-europawahlen-2014

2.1.2.1 Organisation und Aufgaben des Eurosystems

Ein Hauptziel des Eurosystems und dessen Organisation ist nach dem EG-Vertrag („Maastricht-Vertrag") die Preisstabilität im Euroraum bewerkstelligen und gewähren zu können. Soweit es ohne Beeinträchtigung dieser Aufgabe möglich sein kann, unterstützt das Eurosystem die allgemeine Wirtschaftspolitik in der Gemeinschaft. Es ist damit vorrangig der Aufgabe der Preisstabilität zugrunde gelegt. Der EZB-Rat – als oberstes Entscheidungsorgan des Eurosystems – hat diese gesetzlichen Vorgaben durch eine weitergehende Definition präzisiert. Preisstabilität wird demnach definiert als Anstieg des harmonisierten Verbraucherpreisindex (HVPI) für das Gebiet der Währungsunion. Der EZB-Rat beschloss diese eher quantitative Definition von Preisstabilität, um nicht nur die Geldpolitik des Eurosystems verständlicher und umgänglicher zu machen, sondern auch um einen doch klar nachvollziehbaren Maßstab zu geben, an dem die Preisstabilität auch tatsächlich gemessen werden kann. Die Definition soll auch eine Hilfestellung bei der Bildung von Erwartungen im Bezug auf die zukünftige Preisentwicklung darstellen (Ribhegge 2007: 113 ff.; Depenheuer und Kahl 2017: 205 ff.).

Grundlegende Aufgaben des Eurosystems

- Festlegen und Ausführen der Geldpolitik
- Durchführen von Devisengeschäften
- Förderung des reibungslosen Funktionierens der Zahlungssysteme
- Halten und Verwalten der Währungsreserven der teilnehmenden EU-Mitgliedsstaaten

Weitere Aufgaben des Eurosystems

- Beratende Funktionen
- Erhebung und Aufbereitung von Statistiken
- Beitrag zur Stabilität des Finanzsystems
- Bankenaufsicht (seit November 2014)
- Ausgabe von Euro-Banknoten und Gewährleistung ihrer Fälschungssicherheit
- Internationale Zusammenarbeit

2.1.2.2 Das Europäische System der Zentralbanken

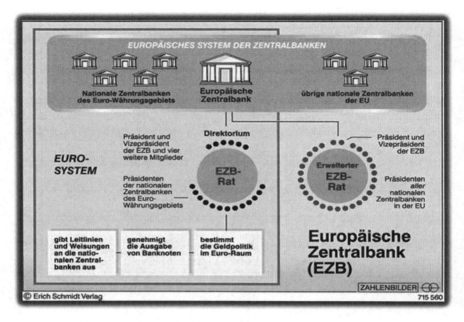

Abb. 5: Europäisches System der Zentralbanken
Quelle: Erich Schmidt Verlag, abgerufen auf Zahlenbilder.de, Nr.: 715560 [online] https://www.zahlenbilder.de/Infografiken/Suchergebnisse/Die-Europaeische-Zentralbank_664.html [07.04.2018]

Die Europäische Zentralbank und die nationalen Zentralbanken der EU-Staaten, deren Währung der Euro ist, bilden das Europäische System der Zentralbanken, die Währungsbehörde des Euroraums. Das Primärziel ist die Gewährleistung von Preisstabilität im Interesse des Gemeinwohls. Als führende Instanz im Finanzsektor trägt das System außerdem eine besondere Verantwortung für die Stabilität des Finanzsektors und die Förderung der Finanzmarktintegration in Europa (Gabler 2006: 137 ff.).

Glaubwürdigkeit, Vertrauen, Transparenz und Rechenschaftspflicht sind wesentliche Werte bei der Umsetzung herausfordernder Ziele. Eine erfolgreiche Kommunikation mit den Bürgerinnen und Bürgern Europas ist von hoher Bedeutung. Die Beziehungspflege zu europäischen Institutionen auf der einen Seite und auch nationalen Behörden auf der anderen Seite gestaltet sich – als Teilnehmer am System – in voller Übereinstimmung mit den Bestimmungen der Verträge und im Einklang mit dem Prinzip der Unabhängigkeit von Zentralbanken (Schönfelder 2015: 17 ff.).

Strategisch wie operativ wird – unter gebührender Berücksichtigung der Grundsätze der Dezentralisierung – an der Erreichung der gemeinsamen Ziele gearbeitet. Die Verpflichtung gilt dem Prinzip der sogenannten „Good Governance" und bedeutender die Herangehensweise an Aufgaben im Geist von Kooperation und Teamarbeit, sowie effektiv als auch wirtschaftlich. Gestützt auf nennenswertes Erfahrungskapital und den Austausch von Wissen stärken die Mitglieder des Euroraums – natürlich im Rahmen von klar festgelegten Rollen und Zuständigkeiten – die gemeinsam gelebte Identität. Weiters sprechen sie mit einer gemeinsamen Stimme und nutzen Synergieeffekte bestmöglich (Neisser 2008: 184).

Im Rahmen des Einheitlichen Aufsichtsmechanismus (Single Supervisory Mechanism – SSM), der auch die nationalen zuständigen Behörden umfasst, ist die Europäische Zentralbank für die Aufsicht über Kreditinstitute verantwortlich, die im Euro-Währungsgebiet und in teilnehmenden nicht dem Euro-Währungsgebiet angehörenden Mitgliedsstaaten ansässig sind. Sie trägt so zur Sicherheit und Solidität des Bankensystems und zur Stabilität des Finanzsystems auf Unionsebene und in den teilnehmenden Mitgliedsstaaten bei (Groß und Skorobogatov 2014: 6 ff.).

Die Europäische Zentralbank hat sich verpflichtet, alle ihr zugeteilten Aufgaben effektiv zu erfüllen. Dabei strebt sie nach einem Höchstmaß an Integrität, Kompetenz und Effizienz sowie der bestmöglichen Erfüllung der Rechenschaftspflicht. Sie respektiert die Trennung zwischen den Aufgaben im Bereich der Geldpolitik und im Bereich der Aufsicht. Bei der Wahrnehmung der Aufgaben gilt es transparent aufzutreten und sich strikt an die maßgeblichen Vertraulichkeitsanforderungen zu halten (Vaubel 2018: 19 ff.).

2.1.2.3 Die drei regulierenden Organe der EU

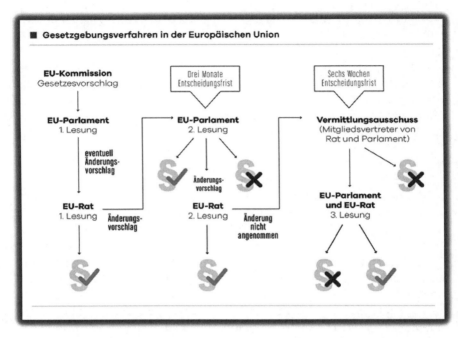

Abb. 6 Gesetzgebungsverfahren in der Europäischen Union
Quelle: BLM – Bayrische Landeszentrale für neue Medien, [online] https://www.blm.de/infothek/magazin_tendenz/tendenz-2_16_das_blm_magazin/tendenz-2_2016-titelthema.cfm [07.04.2018]

Die Europäische Union ist – vereinfacht ausgedrückt – auf einem Dreieck aufgebaut, das aus drei Organen besteht: dem Europäischen Parlament, dem Rat der EU und der Europäischen Kommission (Corcaci und Knodt 2012: 97).

Europäisches Parlament

Das Europaparlament ist die demokratische Vertretung der Bürger der EU und wird alle fünf Jahre direkt von ihnen gewählt. Die 7. Direktwahl findet zwischen dem 4. und 7. Juni in 27 Ländern statt (Statistisches Bundesamt Deutschland 2009: 10).

Das Parlament reflektiert in seiner Zusammensetzung und in seinen politischen und rechtlichen Entscheidungen die Meinungen und Interessen der Bevölkerung, wie diese sie in den Wahlen zum Ausdruck gebracht hat (Nitschke 1999: 200 ff.).

In den meisten Politikbereichen, in denen die EU Gesetzgebungskompetenz hat, können Entscheidungen nur mit Zustimmung des Parlaments getroffen werden und das Parlament kann die Gesetzesentwürfe entscheidend abändern. Selbstverständlich wirken sich die Mehrheitsverhältnisse im Parlament darauf aus, wie diese Änderungen ausfallen (Beichelt 2015: 358 ff.).

Außerdem kontrolliert das Parlament die Exekutive der EU (die Kommission), verabschiedet gemeinsam mit dem Rat die jährlichen EU-Haushalte und entscheidet in diesem Zusammenhang über die finanziellen Prioritäten der Union (Seibold 2002: 212).

Rat der EU

Im Rat sind die Regierungen der 27 Mitgliedsstaaten vertreten – auf höchster Ebene durch die Minister, daher die umgangssprachliche Bezeichnung als Ministerrat (Lay 2011: 69).

Der Ministerrat ist gemeinsam mit dem Parlament Gesetzgeber der EU. Um Gesetze zu verabschieden, müssen die Regierungen sich im Rat einigen oder mit Mehrheit abstimmen und anschließend eine Einigung mit dem Mehrheitswillen des Parlaments erzielen (Lay 2011: 70 ff.).

Neben dem Ministerrat gibt es noch den *Europäischen Rat,* in dem sich die Regierungschefs der EU treffen. Er hat formal keine Gesetzgebungskompetenz, kann jedoch politisch die Richtung für den Ministerrat vorgeben und Impulse für die EU insgesamt setzen (Brasche 2017: 34).

Europäische Kommission

Die Europäische Kommission ist die Exekutive der Union. Sie erarbeitet Entwürfe für europäische Gesetze (Richtlinien und EU-Verordnungen) und ist auch für die Durchsetzung der Gesetze und die Durchführung der EU-Politiken und -Programme verantwortlich (Kuhn 2012: 36).

An der Spitze der Kommission stehen für fünf Jahre ernannte und für unterschiedliche Ressorts zuständige EU-Kommissare und der Kommissionspräsident. Um ins Amt zu kommen, benötigen der Präsident und sein Team die Zustimmung des Europäischen Parlaments. Außerdem kann das Parlament die Kommission durch ein Misstrauensvotum absetzen (Kuhn 2012: 27 ff.).

2.2 Die Wertschöpfungskette des EU-Zahlungsverkehrs (EU-ZV)

Am Zahlungsverkehrsmarkt vollziehen sich derzeit fundamentale Veränderungen im Europäischen Privat- und Firmenkundensegment. Der Markt entwickelt sich außerordentlich dynamisch. Neue Technologien, neue Akteure wie zum Beispiel Third-Party Payment Service Provider, ein grundlegender Wandel bei den Rechtsvorschriften sowie Veränderungen auf der Angebots- und der Nachfrageseite bewirken Veränderungen der Marktmodelle. (Barrie, Jhanji und Sebag-Montefiore 2016: 2).

Die künftigen Änderungen auf der Angebotsseite dürften Auswirkungen auf den Mix der Zahlungsmethoden nach sich ziehen, beispielsweise auf das Wachstum im A2A-Zahlungsverkehr und die Ablösung von Bar- und Kartenzahlungstransaktionen. Neue Anbieter wie Kontoinformationsdienstleister (AISPs) und Zahlungsauslösedienstleister (PISPs) weisen ein größeres „disruptives Potenzial" auf. Sie dürften auch die Innovationstätigkeit vorantreiben. Veränderungen bei Rechtsvorschriften und im Technologiebereich zwingen die Marktteilnehmer dazu, ihre strategische Reaktion auf den künftigen Zahlungsverkehrsmarkt zu überdenken (Barrie, Jhanji und Sebag-Montefiore 2016: 3).

Neue Technologien werden eingeführt, neben einer Konsolidierung treten neue und innovative Akteure auf den Plan, bei den Rechtsvorschriften werden radikale Änderungen vorgenommen, und die Kunden legen ein verändertes Zahlungsverhalten an den Tag – der eigentliche Zahlungsvorgang wird daher zunehmend zum integrierten Produkt. Für die unterschiedlichen Marktteilnehmer ist es damit unerlässlich, bei der Ausgestaltung ihrer Strategien das jeweils optimale Geschäftsmodell zugrunde zu legen, um die neuen Ertragspools nutzen zu können (Barrie, Jhanji und Sebag-Montefiore 2016: 7). Zutreffend ist, dass sich die Ertragsaufteilung im Zahlungsverkehr ändern wird, aber noch wird die Wertschöpfungskette im EU-Zahlungsverkehr traditionell von Bankinstitutionen kontrolliert und gesteuert. Die zur Verfügung stehenden Technologien senken aber die Transaktionskosten für die marktförmige Koordination einzelner Prozesse und tragen damit zu einer massiven Aufspaltung der Wertschöpfungskette bei. Einzelne Stufen der Wertschöpfung können dabei – im Rahmen eines Disintermediationsprozesses – von Nicht-Banken-Akteuren besetzt werden. Im Speziellen jedoch nur, wenn diese einen komparativen Vorteil gegenüber Bankinstitutionen in der Produktion der jeweiligen Teilprozessleistung erreichen können. Es deutet – den Entwicklungstrend beleuchtend – alles darauf hin, dass sich die Wertschöpfungskette schon in naher Zukunft neu gliedern könnte (Riedl 2002: 372 ff.).

Besonders in der Phase der Zahlungseinleitung und in der Stufe der Zahlungsübermittlung – wegen der zunehmenden Besetzung der Kundenschnittstellen und Endgeräte durch Nicht-Banken, sogenannten TTPs (Third Party Providers) bzw. eher nur schwach ausgeprägter Erfüllung der originären Bankfunktion, der Informationstransformation – unterliegen Banken einem sehr starken Disintermediationsdruck (Riedl 2002: 375).

Im Rahmen der Wertschöpfungskette des Zahlungsverkehrs können grundsätzlich folgende Teilprozesse genannt werden (Moormann et al. 2016: Kapitel 2.1):

- Zahlungsinitiierung
- Autorisierung
- Verrechnung (Clearing) zwischen den kontoführenden Zahlungsdienstleistern von Zahlungsempfänger und Zahlungspflichtigem
- Zahlungsausgleich (Settlement) zwischen den kontoführenden Zahlungsdienstleistern von Zahlungsempfänger und Zahlungspflichtigem
- Information von Zahlungspflichtigem und Zahlungsempfänger über die durchgeführte Zahlung
- Bereitstellung des Gegenwertes einer Zahlung für den Zahlungsempfänger
- Bearbeitung von Zahlungsreklamationen

Zahlungssysteme sorgen mit Vereinbarungen und technischen Standards dafür, dass diese Schritte sicher und zuverlässig zwischen allen Teilnehmern eines Zahlungssystems abgewickelt werden.

Diese Prozesse – zusammen mit den angesprochenen Rollen – stellen das „Öko-Zahlungssystem" dar. Bezahlen an sich ist kein Selbstzweck, dementsprechend ist dieses System in die umfangreiche Wertschöpfungskette eingebettet, die die Geschäfts- und Abwicklungsprozesse – vor und nach einer Zahlung – umfasst. Schon bei der Kundenansprache oder bei der Suche von Kundinnen und Kunden nach Produkten, ergo Dienstleistungen, startet die Wertschöpfungskette. Ebenfalls oder in weiterer Folge beim Vergleich verschiedener Angebote sowie der Auswahl eines zu kaufenden Produkts. Weiters bei Bestellungen, Auslieferung von Waren und der Rechnungsstellung bis zum Bezahlvorgang, Kundenservice oder etwaiger Reklamationsbearbeitung. Primäre Dienstleistungen in diesem Kontext sind Informationen aktueller Angebote an die Zielgruppe, Bereitstellung von Loyalty-Diensten sowie die Auswertung von Kundeninformationen zur zielgenaueren Ansprache von Kundensegmenten (Moormann et al. 2016: Kapitel 2.1).

Die Wertschöpfungskette des EU-Zahlungsverkehrs (EU-ZV)   35

Nachstehend wird eine innovative Finanzwertschöpfungskette anhand zukünftig zu definierender Rollen (Integrator, Produzent, Verteiler und Plattform) visuell dargestellt. (Eckrich und Jung 2016b):

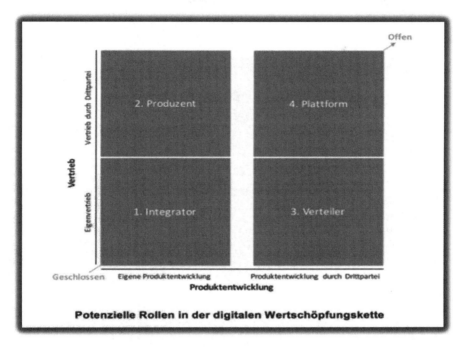

Abb. 7: Potenzielle Rollen in der Wertschöpfungskette
Quelle: Eckrich und Jung 2016b

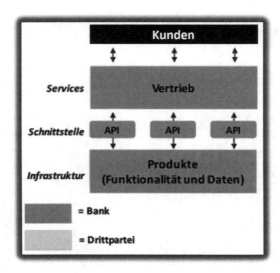

Abb. 8: Rolle des Integrators
Quelle: Eckrich und Jung 2016b

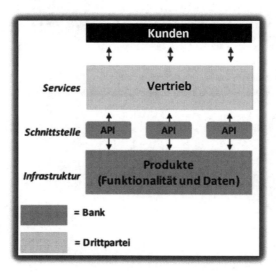

Abb. 9: Rolle des Produzenten
Quelle: Eckrich und Jung 2016b

Die Wertschöpfungskette des EU-Zahlungsverkehrs (EU-ZV) 37

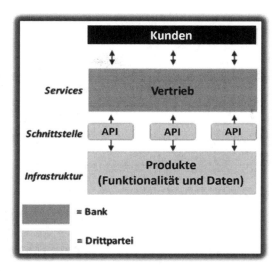

Abb. 10: **Rolle des Verteilers**
   Quelle: Eckrich und Jung 2016b

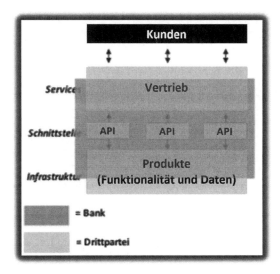

Abb. 11: **Rolle der Plattform**
   Quelle: Eckrich und Jung 2016b

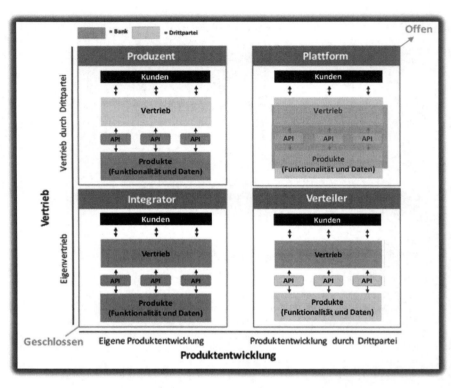

Abb. 12: **Die vier potenziellen Rollen in der finanziellen Wertschöpfungskette**
Quelle: Eckrich und Jung 2016b

2.3 Regulatorische Rahmenbedingungen des EU-ZV

In den vergangenen Jahren haben sich etwaige Sicherheitsrisiken für den elektronischen Zahlungsverkehr massiv erhöht. Das ist auf die hohe technische Komplexität der elektronischen Zahlungen, dem weltweit anwachsenden Volumen und zahlreichen neu aufkommenden Möglichkeiten von Zahlungsdiensten zurückzuführen. Sichere, schnelle und reibungslos funktionierende Zahlungsdienste sind eine entscheidende Bedingung für den Markt des Zahlungsverkehrs. Die Verwendung von Zahlungsdiensten muss dementsprechend in einem vor Risiken geschützten Umfeld stattfinden (Borchardt 2015; Dorfleitner et al. 2017; Hierl 2017).

Ein geregelter Zahlungsverkehr stellt eine zwingend notwendige und wesentliche Voraussetzung für das Funktionieren zentraler, regionaler und internationaler wirtschaftlicher Vorhaben dar. Zur Schließung von eventuellen Regulierungslücken müssen neue Richtlinien, Vorschriften und Gesetze vorgesehen werden. Weiters ist es zielführend, mehr Rechtsklarheit zu schaffen und die EU-weit einheitliche Anwendung von rechtlichen Rahmenbedingungen sicherzustellen (Terlau 2016: 122).

Bestehenden Teilnehmern am Markt des Zahlungsverkehrs einerseits sowie neuen Marktteilnehmern andererseits müssen gleichwertige Bedingungen und Regeln für ihre operativen Tätigkeit garantiert werden. Das kann bewerkstelligt werden, indem neu eingeführten Zahlungsmitteln ein Zugang zum Markt eröffnet und ein hohes Maß an Verbraucherschutz bei der Nutzung von Zahlungsdienstleistungen in der EU – als Ganzes betrachtet – gewährleistet wird. Daraus schlussgefolgert führt dies zu einer Steigerung der Effizienz in der Wertschöpfungskette des Zahlungsverkehrssystems sowie zu mehr Auswahlvarianten und zu einer vernünftigen Transparenz bei den Zahlungsdiensten. Daraus lässt sich ableiten, dass ein gesteigertes Vertrauen des Verbrauchers zu einem harmonisierten Markt für Zahlungen insgesamt führt (Huch 2014; Huch 2013; Wandhöfer 2010).

Die Bestrebung einer stetigen und kontinuierlichen Weiterentwicklung eines in sich integrierenden Binnenmarktes für regulatorisch abgesicherte elektronische Zahlungen ist entscheidend für die Unterstützung eines wachsenden Wirtschaftsraums. Verbraucher, Händler und Unternehmen sollen durch differierende und zahlreiche Wahlmöglichkeit an Zahlungsdiensten auf der einen Seite, auch durch dargebotene Transparenz auf der anderen Seite, die Nützlichkeit der Vorteile des Binnenmarkts direkt generieren. Es ist als sinnvoll anzusehen, durch Regulierungen im Zahlungsverkehr eine Harmonisierung und sich steigernde Liberalisierung anzustreben (Huch 2014: 5 ff.).

2.3.1 Ziele der Payment Services Directive I und II (PSD I, PSD II)

Verschiedenste Akteure teilen sich das europäische Zahlungsverkehrsnetz, den europäischen Zahlungsverkehrsmarkt im Privatkundengeschäft einerseits und im Firmenkundengeschäft andererseits untereinander auf. Einige von ihnen arbeiten mit unterschiedlichen Zahlungsmethoden und sind in verschiedenen Bereichen der Wertschöpfungskette aktiv. Auch die Wettbewerbslandschaft ist sehr divers. Hieraus ergibt sich ein komplexer und hochgradig fragmentierter Markt (Barrie, Jhanji und Sebag-Montefiore in: Wyman 2016: 9).

Die PSD II macht ihr priorisiertes Ziel sehr deutlich. Zahlungsdienste sind eine wesentliche Voraussetzung für das Funktionieren zentraler wirtschaftlicher und gesellschaftlicher Tätigkeiten. Die Marktöffnung für neue Zahlungsmittel, Effizienzgewinn im Zahlungssystem, mehr Auswahl und Transparenz sind ebenfalls aktuelle Regulierungsziele. Weiters liegt die Bestrebung darin, den bestehenden und neuen Marktteilnehmern gleichwertige Bedingungen für ihre Tätigkeiten offerieren zu können. Daneben wird die Stärkung des Verbrauchervertrauens – ebenso ein hoher Grad an Verbraucherschutz – explizit hervorgehoben. Wesentliches Regulierungsziel sei es zudem, einen integrierten Binnenmarkt – für rasche und sichere elektronische Zahlungen – kontinuierlich weiterzuentwickeln. Die Zersplitterung des europäischen Zahlungsverkehrsmarktes ist zu beenden, denn wichtige Bereiche des Zahlungsverkehrsmarktes sind nach wie vor entlang der nationalen Ebenen aufgeteilt. Einen Akzent legt die europäische Gesetzgebung auf das Thema Sicherheit. Nutzer von Zahlungsdiensten müssen angemessen vor Sicherheitsrisiken geschützt sein. Daraus leiten sich, lt. EU-Gesetzgeber, folgende Regulierungsmaßnahmen ab: Schließung von Regulierungslücken an den Stellen, an denen diverse technische Gegebenheiten dies erfordern, und mehr Rechtsklarheit – insbesondere im Anwendungsbereich und bei der Definition der Ausnahmebereiche sowie das Ziel der unionsweit einheitlichen Anwendung des vorgegebenen rechtlichen Rahmens – darzubieten (Huch 2014: 5 ff.; Mühlbert 2017: 248 ff.; Terlau 2016: 124).

Die Haupt- und Primärziele der PSD II werden wie folgt in Anlehnung an die Stellungnahme des Parlamentes der Republik Österreich vom 20.11.2017, unter der Dokumentennummer 332/ME, nochmals textalisch dargelegt:

Neue Zahlungsdienste, konkret Zahlungsauslösedienstleister sowie Kontoinformationsdienstleister, knüpfen mit ihren Diensten am Internet-Banking von Kreditinstituten an. Sie übermitteln Daten zwischen Kundinnen/Kunden, Kreditinstituten und Händlerinnen/Händlern, ohne selbst in den Besitz von Kundengeldern zu gelangen. Bislang waren solche neuen Zahlungsdienste sozusagen im aufsichtsrechtlichen „Graubereich" tätig. Zahlungsauslöse- bzw. Kontoinformationsdienstleister (TPPs) werden nun als Zahlungsdienstleister reguliert.

Die erhebliche Zunahme von Internetzahlungen und mobilen Zahlungen macht eine Verbesserung der Sicherheit bei der Zahlungsabwicklung notwendig. Deshalb soll der Zahlungsdienstleister künftig in bestimmten Fällen von der Zahlerin/dem Zahler eine starke Kundenauthentifizierung verlangen müssen. Das bedeutet, eindeutig und nachweisbar festzustellen, dass eine bestimmte Zahlerin/ein bestimmter Zahler eine bestimmte Zahlung in Auftrag gegeben hat.

Die Rechtsstellung der Zahlerin/des Zahlers bei nicht autorisierten Zahlungsvorgängen soll verbessert werden. Bei missbräuchlicher Verwendung eines Zahlungsinstruments soll die Zahlerin/der Zahler nur haften, wenn sie/er in der Lage war, den Verlust, den Diebstahl oder die sonstige missbräuchliche Verwendung des Zahlungsinstruments zu bemerken. Aber selbst in diesem Fall soll die Haftung der Zahlerin/des Zahlers auf höchstens 50 Euro begrenzt sein (früher lag die Haftungsgrenze bei 150 Euro).

Ist ein Zahlungsauslösedienstleister in den Zahlungsvorgang eingebunden, soll gegenüber der Zahlerin/dem Zahler zwar zunächst weiterhin der kontoführende Zahlungsdienstleister haften.

Jedoch soll der Zahlungsauslösedienstleister dem kontoführenden Zahlungsdienstleister unverzüglich den Betrag des nicht autorisierten Zahlungsvorgangs sowie alle vertretbaren Kosten, die im Zusammenhang mit der Erstattung an die Zahlerin/den Zahler entstanden sind, erstatten müssen, es sei denn, der Zahlungsauslösedienstleister kann nachweisen, dass er den nicht autorisierten Zahlungsvorgang nicht zu vertreten hat.

Neben inhaltlichen Kernthemen und der interessanten Möglichkeit, wesentliche Eckpfeiler aus verschiedensten Perspektiven zu beleuchten, wurden in diesem Kapitel vorwiegend die Ziele einerseits, die Beweggründe zur Zielsetzung andererseits erörtert. In weiterer Folge werden der konkrete Wirkungsbereich der PSD, deren Entstehung und Abgrenzung näher behandelt.

2.3.2 Abgrenzung der PSD II

In Anlehnung an *Windisch* (2015) wird an dieser Stelle unterstrichen, dass mit der Novelle der Payment Services Directive II die regulierenden Stellen die Absicht verfolgen, den Wettbewerb im Bereich der Zahlungsdienstleistungen weiter zu stärken. Bisherige Initiativen der Finanzinstitute, wie beispielsweise die ZOB-Schnittstelle (Zentrale Online-Banking-Schnittstelle) bzw. FinTS (Financial Transaction Services), führten aus unterschiedlichen Gründen zu nur mäßiger Akzeptanz am Finanzmarkt (Brühl und Dorschel 2018: 254).

Anlassbezogen sollen die Banken im Rahmen der PSD II dritten Zahlungsdienstleistern Zugriff auf die Konteninformationen und Funktionen im Onlinebanking gewähren und zu diesem Zweck eine technische Schnittstelle zur Verfügung stellen (Mülbert 2016: 248 f.).

Die PSD II bietet aufgrund der Fokussierung auf Anforderungen und Pflichten hinreichend Raum für Gestaltungsmaßnahmen. Diese offenen Punkte gehen natürlich einher mit Risiken, welche in ihren Ausmaßen und der zu tragenden Verantwortung zu definieren sind. Auch wenn die PSD II bereits spezifische Angaben zu Dokumentationspflichten und Entschädigungszeiträumen macht, bleiben weitere Risiken und Aufwendungen oft zu unklar definiert. Die hohe Last durch teilweise automatisierte Anfragen für die Banken etwa und die einhergehenden möglichen Angriffsszenarien durch Denial-of-Service-Attacken stellen große Herausforderungen dar, auf welche sich die Banken und Zahlungsdienstleister frühzeitig einzustellen haben oder im günstigsten Fall bereits eingestellt und strategisch ausgerichtet haben. Rechtzeitige Kenntnis der Anforderungen und technischen Implikationen können hier helfen, einerseits bei der Vorbereitung auf die Implementierungsphase, andererseits auch zum Nutzen strategischer Momente (RTS sind bis September 2019 umzusetzen).

Die sich für Banken ergebenden strategischen Chancen sind somit ebenfalls im Blick zu behalten und sollten die Überlegungen zu den regulatorischen Anforderungen flankieren. Hierzu gehört einerseits die Nutzung der Payment Services durch die Banken selbst und damit einhergehend auch die Nutzung der Daten; andererseits das Anbieten von effektiv hochwertigeren Services. Auch ist die Monetarisierung von Premium-Angeboten für Drittdienstleister als Payment-Hub oder Infrastrukturdienstleister denkbar. Die bereits bestehenden und nutzbaren Synergien der beiden aktuellen Entwicklungsbereiche Technik und Markt lassen sich um eine dritte Dimension der Regulatorik, hier prominent vertreten durch die PSD II, erweitern. Zu ihrer positiven Nutzung und Vorbereitung auf Payments im Jahre 2020 werden die Grundsteine bereits jetzt gelegt (Mülbert 2016: 249 ff.; Wandhöfer 2010: 115 ff.).

Hinsichtlich der Differenzierung der zweiten Auflage der PSD gegenüber der ersten Directive formuliert die Europäischen Kommission (European Commission) am 12. Januar 2018 im vierten Kapitel des Fact Sheets „*FAQ's Payment Services Directive*" in Brüssel treffend:

„PSD2 widens the scope of PSD1 by covering new services and players as well as by extending the scope of existing services (payment instruments issued by payment service providers that do not manage the account of the payment service user), enabling their access to payment accounts […]".

„PSD2 also updates the telecom exemption by limiting it mainly to micro-payments for digital services, and includes transactions with third countries when only one of the payment service providers is located within the EU (‚one-leg transactions'). It also enhances cooperation and information exchange between authorities in the context of authorisation and supervision of payment institutions. The European Banking Authority (EBA) will develop a central register of authorised and registered payment institutions […]".

„To make electronic payments safer and more secure, PSD2 introduces enhanced security measures to be implemented by all payment service providers, including banks. In particular, PSD2 requires payment service providers to apply strong customer authentication (SCA) for electronic payment transactions as a general rule. To that end, the Commission adopted rules that spell out how strong customer authentication (SCA) is to be applied [...]".

Um den Werdegang, die Schritt-für-Schritt-Entstehung der Payment Services Directive II punktuell darlegen zu können, werden nachfolgend einzelne wesentliche Meilensteine in Anlehnung an *Huch* (2014) und *Moormann, Mosen und Schmidt* (2016) angeführt.

Tab. 1: Werdegang der PSD II
Quelle: Huch 2014; Moormann, Mosen und Schmidt 2016

Zeitpunkt	Meilenstein
März 2000	Lissabon-Agenda, um Europa bis 2010 zur wettbewerbsfähigsten und dynamischsten wissensbasierten Wirtschaft der Welt zu machen
Dezember 2001	Verordnung EG 2560/2001 über grenzüberschreitende Zahlungen in Euro
2002	European Payments Council, der von der Bankenbranche gegründet wurde, mit der Zielsetzung, die SEPA-Initiative voranzutreiben und die wichtigsten nicht zahlungswirksamen Zahlungsinstrumente im gesamten Euroraum zu harmonisieren (bis Ende 2010)
2001–2004	Beratungszeitraum und Vorbereitung der PSD
Dezember 2005	Vorschlag für PSD durch die GD Binnenmarktkommissar McCreevy
25. Dezember 2007	PSD I trat in Kraft
November 2009	Frist für die Umsetzung in nationales Recht
2009	Aktualisierung: Beseitigung der Unterschiede bei den grenzüberschreitenden und nationalen Zahlungen in Euro (EG-Verordnung 924/2009)
2012	Aktualisierung: Verordnung über grenzüberschreitenden Zahlungen, „multilaterale Austauschgebühren" (EU-Verordnung 260/2012)
Juli 2013	Bericht über die Umsetzung der PSD und ihre beiden Updates

Zeitpunkt	Meilenstein
6. November 2015	Der Rat der Europäischen Union verabschiedet die PSD II und gibt den Mitgliedsstaaten zwei Jahre Zeit, die Richtlinie in ihre nationalen Gesetze und Verordnungen umzusetzen
13. Januar 2018	Richtlinie 2007/64/EG ist aufgehoben und durch Richtlinie (EU) 2015/2366 (PSD II) ersetzt

Im Folgekapitel wird die per 13. Januar 2018 jeweils auf nationaler Ebene und vollharmonisiert umgesetzte Richtlinie (EU) 2015/2366 (PSD II) anhand einer wissenschaftlichen Arbeitsmethodik der qualitativen Sozialforschung detailreich aufgegliedert, um die komplexe inhaltliche Struktur zu transparentisieren, demnach verständlicher und anschaulicher darbieten zu können. Der Autor des vorliegenden Werks bedient sich der Top-down-Methode.

2.3.3 PSD II: Top-down-Analyse im Fokus der Forschungsfragen

Zur Gewinnung von Erkenntnissen werden häufig zwei konkurrierende wissenschaftliche Methoden, Induktion – auch Bottom-up-Methode genannt – und Deduktion – auch Top-down-Methode genannt –, verwendet (Balzert et al. 2008: 48 ff.).

Zur Zergliederung, Aufsplittung von komplexen Strukturen wird bevorzugt die Top-down-Methode angewandt, um einen höheren Granulierungsgrad zu generieren (Kelle und Kluge 2010: 61).

Um die dem bargeldlosen Zahlungsverkehr zugrunde liegenden und relevanten Paragraphen lokalisieren und separieren zu können, wird in einzelnen Arbeitsschritten der textalische Inhalt der PSD II analysiert. Ziel ist es, Erkenntnisse zu gewinnen, die in weiterer Folge einen erheblichen Beitrag dazu leisten, die Forschungsfragen im Detail beantworten zu können.

Durch die Granulierung der in Frage kommenden Hauptstücke der Richtlinie können Kategorien definiert werden. Mittels der qualitativen Inhaltsanalyse nach *Mayring* werden in einem nächsten Schritt die anzuwendenden kodierten Paragraphen den richtigen Kategorien zugewiesen (Mayring 2010: 53).

Tab. 2: Top-down-Inhaltsanalyse der PSD II durch Autor
Quelle: eigene Darstellung

1. Arbeitsschritt	Welche Hauptstücke beinhalten wesentliche Themenfelder hinsichtlich der Beantwortung der Forschungsfragen?
Hauptstück – Nummer:	**Bezeichnung**
1	Allgemeine Bestimmungen
3	Transparenz der Vertragsbedingungen und Informationspflichten für Zahlungsdienste
4	Rechte und Pflichten bei der Erbringung und Nutzung von Zahlungsdiensten
2. Arbeitsschritt	Welche Abschnitte in welchen Hauptstücken beinhalten wesentliche Themenfelder hinsichtlich der Beantwortung der Forschungsfragen?
1. Hauptstück: Abschnitt – Nummer	**Bezeichnung**
1	Anwendungsbereich und Begriffe
3. Hauptstück: Abschnitt – Nummer	**Bezeichnung**
1	Allgemeine Vorschriften
2	Einzelzahlungen
4. Hauptstück: Abschnitt – Nummer	**Bezeichnung**
1	Gemeinsame Bestimmungen
2	Autorisierung von Zahlungsvorgängen
3	Ausführung von Zahlungsvorgängen
4	Ausführungsfristen und Wertstellungsdatum
5	Haftung
3. Arbeitsschritt	Welche Paragraphen aus welchen Hauptstücken und Abschnitten beinhalten wesentliche Themenfelder hinsichtlich der Beantwortung der Forschungsfragen?
1. Hauptstück	**§ Paragraph Nr.**
1. Abschnitt	1, 2, 3

3. Hauptstück	§ Paragraph Nr.
1. Abschnitt	32, 33, 34, 35, 36, 37, 38
2. Abschnitt	39, 40, 41, 42, 43, 44, 45
4. Hauptstück	**§ Paragraph Nr.**
1. Abschnitt	55, 56, 57
2. Abschnitt	58, 59, 60, 61, 62, 63, 64, 65, 66, 67, 68, 69, 70, 71
3. Abschnitt	72, 73, 74, 75
4. Abschnitt	76, 77, 78
5. Abschnitt	79, 80, 81, 82, 83, 84
4. Arbeitsschritt	*Ableitung, Bildung von Kategorien und Zuweisung der zugrundeliegenden Paragraphen-Codes hinsichtlich der Beantwortung der Forschungsfragen.*
Abgeleitete und gebildete Kategorien	**§ Paragraph Nr.**
1. Der bargeldlose Non-SEPA-Zahlungsverkehr gesamt	1, 2, 3, 32, 33, 34, 35, 36, 37, 38, 39, 40, 41, 42, 43, 44, 45, 55, 56, 57, 72, 73, 74, 75, 76, 77, 78, 79, 80, 81, 82, 83, 84
2. Direkte Auswirkung auf Entgelte	32, 33, 34, 35, 37, 38, 55, 56, 57, 72, 73, 74, 75
3. Direkte Auswirkung auf die Wertstellung und Verfügbarkeit von Geldbeträgen	1, 2, 3, 72, 76, 77, 78
4. Zahlungsinstrumente	58, 59, 60, 61, 62, 63, 64, 65, 66, 67, 68, 69, 70, 71
5. Einzelne Zahlungsvorgänge	39, 40, 41, 42, 43, 44, 45
6. Informationspflichten	34, 35, 37, 38, 41, 42, 43, 44, 45, 59, 60, 61, 62, 64, 65, 66, 67, 68, 71, 73, 79, 81
5. Arbeitsschritt	**Strukturierte Auflistung aller selektierten Paragraphen.**

§ Paragraph	Hauptstück – Abschnitt	Bezeichnung
	1. Hauptstück	
	1. Abschnitt	
1		Gegenstand
2		Anwendungsbereich
3		Ausnahmen
	3. Hauptstück	
	1. Abschnitt	
32		Anwendungsbereich des Hauptstücks
33		Entgelte für Informationen
34		Beweislast hinsichtlich der Informationsanforderungen
35		Ausnahmen von den Informationsanforderungen für Kleinbetragsinstrumente und E-Geld
36		Währung und Währungsumrechnung
37		Informationen über zusätzliche Entgelte und Ermäßigungen
38		Verpflichtung zur Belehrung der Verbraucher über ihre Rechte
	2. Abschnitt	
39		Anwendungsbereich
40		Allgemeine vorvertragliche Unterrichtung
41		Informationen und Vertragsbedingungen
42		Informationen für Zahler und Zahlungsempfänger nach Auslösung eines Zahlungsauftrags
43		Informationen für den kontoführenden Zahlungsdienstleister durch einen Zahlungsauslösedienst
44		Informationen an den Zahler nach Eingang des Zahlungsauftrags
45		Informationen an den Zahlungsempfänger nach Ausführung des Zahlungsvorgangs
	4. Hauptstück	
	1. Abschnitt	

§ Paragraph	Hauptstück – Abschnitt	Bezeichnung
55		Anwendungsbereich
56		Entgelte
57		Ausnahmen für Kleinbetragszahlungsinstrumente und E-Geld
	2. Abschnitt	
58		Zustimmung und Widerruf der Zustimmung
59		Bestätigung der Verfügbarkeit eines Geldbetrages
60		Zahlungsauslösedienste
61		Kontoinformationsdienste
62		Sperrung eines Zahlungsinstruments und Begrenzung des Zugangs zu Zahlungskonten
63		Pflichten des Zahlungsdienstnutzers in Bezug auf Zahlungsinstrumente und personalisierte Sicherheitsmerkmale
66		Nachweis der Authentifizierung und Ausführung von Zahlungsvorgängen
67		Haftung des Zahlungsdienstleisters für nicht autorisierte Zahlungsvorgänge
68		Haftung des Zahlers für nicht autorisierte Zahlungsvorgänge
69		Zahlungsvorgänge, bei denen der Betrag nicht im Voraus bekannt ist
70		Erstattung eines vom Zahlungsempfänger ausgelösten Zahlungsvorganges
71		Verfahren zur Erstattung eines vom Zahlungsempfänger ausgelösten Zahlungsvorganges
	3. Abschnitt	
72		Eingang von Zahlungsaufträgen
73		Ablehnung von Zahlungsaufträgen
74		Unwiderruflichkeit von Zahlungsaufträgen
75		Transfer des Betrags in voller Höhe
	4. Abschnitt	

§ Paragraph	Hauptstück – Abschnitt	Bezeichnung
76		Anwendungsbereich
77		Ausführungsfrist und Verfügbarkeit
78		Wertstellungsdatum
	5. Abschnitt	
79		Fehlerhafter Kundenidentifikator
80		Haftung der Zahlungsdienstleister für nicht erfolgte, fehlerhafte oder verspätete Ausführung von Zahlungsvorgängen
81		Haftung von Zahlungsauslösediensten für nicht erfolgte, fehlerhafte oder verspätete Ausführungen von Zahlungsvorgängen
82		Zusätzliche Entschädigung
83		Regress
84		Haftungsausschluss für ungewöhnliche und unvorhersehbare Ereignisse

Ergebnisse der Analyse

Aus der intensiven, aufwändigen, jedoch lohnenswerten qualitativen Inhaltsanalyse und weiterführenden Arbeitstechnik wurden:
- drei relevante Hauptstücke,
- acht Abschnitte
- und siebenundvierzig Paragraphen ausgearbeitet und analysiert.

Die zugrundeliegenden Paragraphen konnten:
- sechs gebildeten und konkret definierten Kategorien zugeordnet und eingegliedert werden.

Durch die in den vorangegangenen Kapiteln betriebenen Literaturrecherchen, qualitativen Inhaltsanalysen und der im aktuellen Kapitel durchgeführten fundierten, akribischen Auf- bzw. Ausarbeitung der Payment Services Directive II wurde eine hochwertige Basis dafür geschaffen, zu hinterfragende reale operative Zahlungsverkehrsvorgänge kritisch und wissenschaftlich erörtern zu können auf der einen Seite und hinsichtlich der Untersuchung im empirischen Teil der Arbeit einen – theoretischen, qualitativ hochwertigen – Abgleich auf der anderen Seite zu ermöglichen. Dementsprechend versetzt es den Autor in die Lage, auf unterschiedliche Forschungsansätze und deren Erkenntnisse und verifizierte Ergebnisse zuzugreifen. Daraus lässt sich ableiten, dass in weiterer Folge die Basis-Gütekriterien Validität und Reliabilität als geprüft, ergo gegeben angesehen werden. Die finalen Gesamtergebnisse werden zusätzlich auf weitere Gütekriterien nach *Mayring* (2010) untersucht, ggf. verifiziert bzw. falsifiziert.

2.3.3.1 Theorie versus Praxis: operative Beispiele kontroverser Ansätze

Die Vorschriften der vorliegenden Richtlinie über die Transparenz- und Informationspflichten für Zahlungsdienstleister und die Vorschriften über die Rechte und Pflichten im Zusammenhang mit der Bereitstellung und Nutzung von Zahlungsdiensten gelten auch für Zahlungsvorgänge, bei denen einer der Zahlungsdienstleister außerhalb des Europäischen Wirtschaftsraums (EWR) ansässig ist, damit voneinander abweichende Ansätze in den Mitgliedsstaaten, die sich nachteilig auf die Verbraucher auswirken könnten, vermieden werden. Diese Bestimmung gilt ebenfalls für Zahlungsvorgänge in allen amtlichen Währungen zwischen im EWR ansässigen Zahlungsdienstleistern (Bamberger, Derleder und Knops 2017: 2074 ff.).

Eine Aufteilung der Entgelte zwischen Zahler und Zahlungsempfänger ist erfahrungsgemäß der beste Weg, da sie die vollautomatisierte Abwicklung von Zahlungen erleichtert. Aus diesem Grund ist sichergestellt, dass die jeweiligen Zahlungsdienstleister ihre Entgelte im Normalfall direkt beim Zahler und Zahlungsempfänger erheben. Ebenso kann ein Zahlungsdienstleister je nach Vertragsbedingungen lediglich beim Zahlungsempfänger Entgelte für die Nutzung eines Zahlungsdienstes erheben. In solch einem Fall hat der Zahler keine Entgelte zu entrichten (Huch 2014: 4 ff.).

Zahlungssysteme an sich erheben teilweise Entgelte in Form einer Grundgebühr. Die Bestimmungen über die transferierten Beträge oder

Entgelte haben keine unmittelbaren Auswirkungen auf die Preisbildung zwischen Zahlungsdienstleistern oder sonstigen zwischengeschalteten Stellen (Grundmann und Riesenhuber 2012: 263 ff.).

Unterschiedliche Vorgehensweisen in den einzelnen Ländern bei der Entgeltberechnung für die Nutzung eines bestimmten Zahlungsinstruments haben zu einer enormen Heterogenität des Zahlungsverkehrsmarkts in der Europäischen Union geführt und bei den Verbrauchern Verwirrung ausgelöst, insbesondere beim elektronischen Geschäftsverkehr und im grenzüberschreitenden Zahlungsverkehr (Canaris, Habersack und Schäfer 2015; Grundmann und Riesenhuber 2012: 263 ff.).

Bankinstitutionen berechnen Verbrauchern teilweise auch einen Aufschlag, der viel höher ist als die Kosten, die ihnen durch etwaige Nutzung diversester Zahlungsinstrumente entstehen. Deutlich für eine Überprüfung der Praxis der zusätzlichen Entgelte spricht des Weiteren die Tatsache, dass klare Vorschriften – auch über Interbankenentgelte – festgelegt sind (Seidel 2017: 19 ff.).

Die zusätzlichen Entgelte werden von Banken auch als Vorgehensweise zur Kompensierung von Kosten verwendet. Im Interesse einer voll integrierten und vollautomatisierten Abwicklung von Zahlungen und im Interesse der Rechtssicherheit im Hinblick auf sämtliche Verpflichtungen der Zahlungsdienstnutzer untereinander muss der vom Zahler transferierte Betrag dem Konto des Zahlungsempfängers in voller Höhe gutgeschrieben werden (Huch 2013: 185).

Aus diesem Grund ist es nicht gestattet – keiner der an der Ausführung eines Zahlungsauftrags beteiligten zwischengeschalteten Stellen –, Abzüge vom transferierten Betrag vorzunehmen. Zahlungsempfänger haben jedoch die Möglichkeit, mit ihrem Zahlungsdienstleister eine ausdrückliche Vereinbarung zu treffen, die Letztere zum Abzug ihrer eigenen Entgelte berechtigt. Damit der Zahlungsempfänger jedoch überprüfen kann, ob der geschuldete Betrag ordnungsgemäß bezahlt wurde, sind in den Informationen über die Ausführung des Zahlungsvorgangs nicht nur die transferierten Beträge in voller Höhe, sondern auch die abgezogenen Entgelte explizit und transparent anzuführen. Die Vorschriften über die Gutschrift des vollen Betrags und die Ausführungsfrist stellen eine gute Praxis dar, vor allem dann, wenn einer der Zahlungsdienstleister nicht in der Europäischen Union ansässig ist (Hellenkamp 2015; Huch 2013).

Um das Vertrauen der Verbraucher in einen harmonisierten Zahlungsmarkt zu stärken, ist es unbedingt notwendig, dass Zahlungsdienstnutzer die tatsächlichen Kosten und Entgeltforderungen der Zahlungsdienste kennen, um in weiterer Folge dementsprechend Entscheidungen zu treffen. Eine intransparente Preisgestaltung ist deswegen zu unterlassen, da diese es den Nutzern anerkanntermaßen extrem erschwert, den tatsächlichen Preis eines Zahlungsdienstes erkennen und bewerten zu können. Für den Nutzer ist eine ungünstige Wertstellung zu unterlassen, da eine klare Gesetzgebung der Valutierung von ausgehenden und eingehenden Geldbeträgen zugrunde liegt (Bamberger, Derleder und Knops 2017: 1780 ff.).

Im operativen Tagesgeschäft von Zahlungsverkehrsabteilungen oder spezialisierten Dienstleistern zeigen sich täglich hinsichtlich der PSD II differierende Zahlungsvorgänge. Die wesentlichen Divergenzen können wie folgt aufgeschlüsselt werden:

- Bei bestimmten Zahlungsvorgängen ergibt sich für den Zahlungsdienstleister in Bezug auf die Wertstellung ein Spielraum von bis zu max. vier Tagen.

Daraus resultiert unter bestimmten Voraussetzungen ein markanter Unterschied bei der Transaktionsdauer von bis zu zwei Wochen, ergo besteht die Möglichkeit, dass:

- Institution „A" zwei Tage für die Transaktion benötigt und
- Institution „B" beispielsweise acht Tage.

Dementsprechend müssen Kundinnen und Kunden nicht nur auf die Preisgestaltung von Überweisungen achten, sondern insbesondere auch die Ausführungsfristen er- und hinterfragen.

Die durch die PSD II gewährten Freiräume für Zahlungsdienstleister bei den Zeitpunktbestimmungen von erstens dem Geschäftstagesende und zweitens den Cut-off-Zeiten bei Fremdwährungen implizieren einen weiteren Faktor zur Förderung von Ungleichheit und Intransparenz. Beispielhaft darf an dieser Stelle dargeboten werden:

- Institution „A" bestimmt das Geschäftstagesende für Fremdwährungstransaktionen generell mit 15:00 Uhr.

- Bei den Währungen „a", „b" und „c" jedoch mit 14:00 Uhr und
- bei der Währung „d" mit 16:00 Uhr.
- Institution „B" bestimmt das Geschäftstagesende generell für 18:00 Uhr, dennoch
- bei der Währung „e" mit 17:00 Uhr.

Im Konvolut mit der differierenden Wertstellung, dem Bedacht auf Feiertage bzw. Wochenenden, ergibt die zuvor genannte Möglichkeit, dass zwei zeitgleich getätigte Überweisungen bei unterschiedlichen Instituten eine Differenz bei der Transaktionsdauer von bis zu zwei Wochen aufweisen.

Dementsprechend kontrovers wird alleine die theoretische Möglichkeit dieser Beispiele unter Fach- und wissenschaftlichen Kreisen – im Hinblick auf „Pro" und „Contra" – diskutiert.

Bringt eine Vollharmonisierung bei der nationalen Umsetzung der PSD II den gewünschten Effekt, der suggeriert wird, wenn die Ausgangsbasis – die PSD II – in vielen wesentlichen Belangen derartige Freiräume bei der jeweiligen Produktgestaltung in den einzelnen Institutionen einräumt?

Empirisch belegbar ist des Weiteren die teilweise kollektive Nichteinhaltung der Regelung zu Entgeltoptionen:

- Einerseits bietet der Zahlungsverkehr größtenteils noch die Möglichkeit an, sämtliche Gebühren (auch die Entgelte des Empfängers) zulasten des Auftraggebers zu verrechnen,
- andererseits verringern der Überweisung zwischengeschaltete Banken, sog. Intermediary Banks oder Clearer, weiterhin den Überweisungsbetrag um anfallende Spesen, wenn die Transaktion grundsätzlich PSD II konform durchgeführt.

Zusätzlich muss an dieser Stelle angemerkt werden, dass – wiederum empirisch belegbar – zahlreiche Transaktionen durch die zuvor genannten Intermediary Banks – im Fokus auf Währungen – regelwidrig konvertiert werden.

Beispielsweise hat eine große international tätige Bank in etlichen Ländern der Welt Tochterunternehmen bzw. Geschäftsstellen. Werden der Annahme halber Euros (EUR) in die Vereinigten Staaten transferiert, da der Überweiser, der Zahler der Transaktion, ein Euro-Konto in den USA führt, konvertiert die Geschäftsstelle der internationalen Bank die Währung insofern, als dass kollektiv die jeweilige Währung des angesteuerten Landes weitergeleitet wird. In dem zugrunde liegenden Fall, welcher konkreten Praxisbezug vorzuweisen hat, sind das US-Dollar (USD). In den USA wird schlussfolgernd der Geldbetrag wieder rückkonvertiert. Diese widrigen Abänderungen von Transaktionen können beispielsweise bei einer Betragshöhe von EUR 200.000,00 realistische EUR 10.000,00 an Kursgewinnen ergeben, ergo stehen dem Empfänger – ohne grundsätzliche Überweisungsgebühren zu bedenken – nur EUR 190.000,00 zur Verfügung.

Die angesprochenen grundsätzlichen Gebühren liegen bei – ebenso realistischen – EUR 500,00 für die Seite des Auftraggebers auf der einen Hand – und dieselben EUR 500,00 für den Empfänger auf der anderen Hand. Gesamt können mit EUR 200,00 an Intermediary Fees kalkuliert werden. Das Ergebnis lautet auf den Betrag von circa EUR 11.200,00 an Gesamtverringerung des ursprünglichen sog. Ordering Amount (beauftragter Betrag).

Nachstehend wird eine Überweisung visuell dargelegt, bei der die Währung Euro (EUR) aus der Schweiz nach Österreich transferiert wurde:

- Die Schweiz ist ein SEPA-teilnehmendes Land.
- Es werden EUR überwiesen.
- Österreich hat den Euro als Landeswährung, ist EU- und SEPA-Mitglied.
- Eine kostenlose bzw. explizit kostengünstige SEPA-Überweisung hätte stattfinden müssen.

Überwiesen wurde hier mittels einer Gebührenvariante, die dem Payment-Orderer circa EUR 45,00 bis EUR 50,00 anlastet. Die Abbildung wurde aufgrund des Datenschutzes teilweise geschwärzt. Die wesentlichen Parameter wie Details of Charges, Currency und Ordering Bank (hinsichtlich des Absenderlandes) sind deutlich zu erkennen, als auch die Aktualität des Beispieles anhand des ersichtlichen Valuta-Datums.

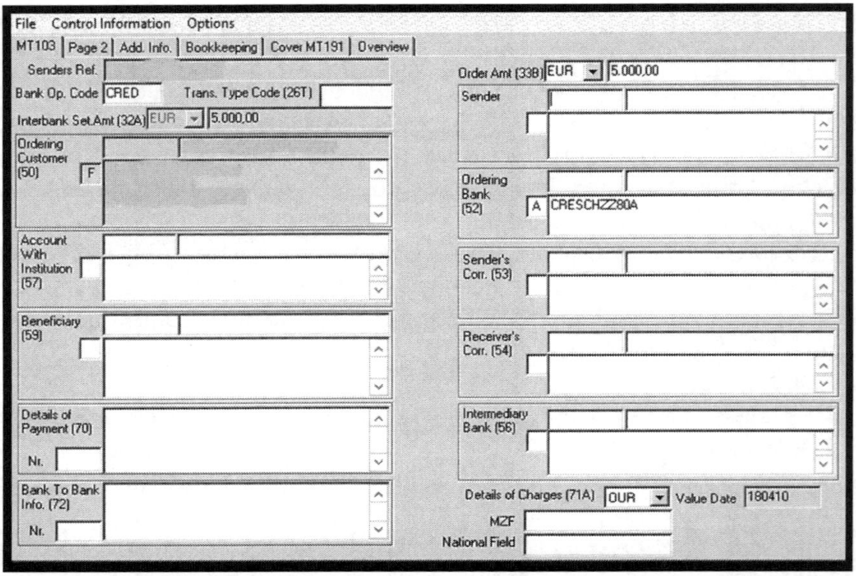

Abb. 13: Auszug aus einem Zahlungsverkehrs-Echtsystem 1
Quelle: eigene Darstellung

In der nächsten visuellen Abbildung ist eine Überweisung aus der Türkei dargelegt. Beauftragt wurde, dass der Empfänger, ergo der Begünstigte, sämtliche anfallenden Gebühren und Entgelte zu tragen hat. Inhaltlich besagt das, dass die Absenderbank ihre anfallenden Gebühren dem Überweisungsbetrag subtrahiert und weniger als den beauftragten Geldbetrag versendet.

Auch eventuelle Zwischenbanken handhaben es in diesem Fall ident. Das führt zu dem Ergebnis, dass von den EUR 31,81, die der Kunde in Auftrag gab, nur noch EUR 8,84 bei der Bank des Überweisungsempfängers ankommen.

Die Empfängerbank minimiert den eingelangten Geldbetrag natürlich – und völlig rechtens – ebenfalls um die zugrunde liegenden Gebühren. Dies ist an dieser Stelle der visuellen Darbietung noch nicht ersichtlich.

Die Praxis verifiziert die Möglichkeit, dass von z. B. EUR 40,-- Überweisungsbetrag nur noch EUR 0,80 tatsächlich am Empfängerkonto einlangen.

Regulatorische Rahmenbedingungen des EU-ZV   57

Die angeführten Punkte besagen:
1. Ordering Customer aus Ankara, Türkei.
2. Ordering Bank aus der Türkei.
3. Ordering Currency.
4. Ordering Amount.
5. Details of Charges: Gewählte Option: Empfänger bezahlt sämliche anfallenden Gebühren.
6. Beneficiary: AT – für Austria.
7. Settlement Amount: Höhe des eingehenden Geldbetrages bei der Empfängerbank, vor Abzug anfallender Gebühren der Empfängerbank.
8. Value Date.

Es wird die Aktualität des Falles bestätigt.

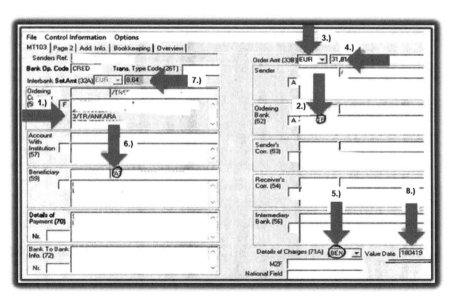

Abb. 14: **Auszug aus einem Zahlungsverkehrs-Echtsystem 2**
    Quelle: eigene Darstellung

Der nächste Fall behandelt einen Übertrag in US-Dollar (USD) von einem österreichischen USD-Konto von Bank „A" auf ein österreichisches USD-Konto bei Bank „B". Daher kommt es weder zu einer Konvertierung der Währung noch befindet sich die Absender- und Empfängerbank außerhalb des EWR.

Auch dies würde jedoch rechtlich – und anhand der qualitativen Inhaltsanalyse mit Top-down-Auswertung eindeutig belegt – keine Rolle spielen, da das „one-leg"-Prinzip anwendbar wäre. Von den transferierten USD 8.312,08 kommt bei der Empfängerbank, welche natürlich – und wiederum völlig rechtens – ebenso die anfallenden Gebühren erhebt, wesentlich weniger an Geldbetrag an. Das ist bei der visuellen Darstellung noch nicht zu erkennen.

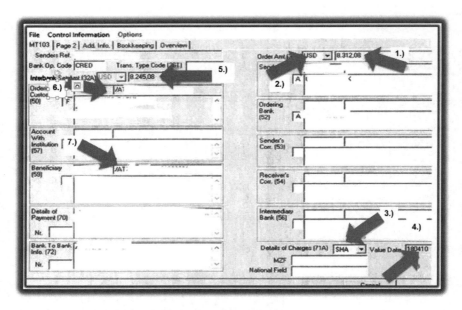

Abb. 15: **Auszug aus einem Zahlungsverkehrs-Echtsystem 3**
Quelle: eigene Darstellung

In der nachstehenden Abbildung sind auf Ebene einer Übersicht wesentliche Daten der Überweisung angeführt.

Im sogenannten SWIFT-Field-Overview (Übersichtsfeld) sind die folgenden Punkte zu erkennen:
1.) Value Date, Ordering Currency and Ordering Amount.
2.) Eingehender Geldbetrag am Konto der Empfängerbank, noch vor Abzug anfallender Gebühren und Gutschrift am Kundenkonto.
3.) Beauftragte Gebührenvariante: Teilung: Empfänger bezahlt die Gebühren der Empfängerbank. Absender die Gebühren der Absenderbank.
4.) Erste Betragsminderung durch Zwischenbank 1.
5.) Zweite Betragsminderung durch Zwischenbank 2.
6.) Dritte Betragsminderung durch Zwischenbank 3.

Abb. 16: Auszug aus einem Zahlungsverkehrs-Echtsystem 4
Quelle: eigene Darstellung

2.3.3.2 Beweggründe irrationalen Handelns

Verschiedene Perspektiven bzw. Betrachtungsweisen oder Standpunkte bergen unterschiedliche Handlungsmotive in sich. Die Basis irrationaler Handlungen lässt sich oft aus Zielkonflikten ableiten. Lapidar erklärt will beispielsweise aus Standpunkt „A" eine Bank Umsätze, Erträge und daraus Gewinne generieren, die Nutzerin oder der Nutzer von Zahlungsdiensten aus Standpunkt „B" jedoch so kostengünstig als möglich bedient werden. Wenn nun die Sichtweisen dieser beiden Parteien regulatorisch nicht konkret und definitiv, ergo ohne Handlungsspielraum geregelt sind, führt das zu nicht nachvollziehbaren Handlungen. Nicht nachvollziehbar für den objektiven Betrachter der Situation. Subjektiv und kritisch beleuchtet werden die Beweggründe transparent und durchaus nachvollziehbar (Wöhrle 2012: 129 ff.).

Wie *Mittelstraß* (2008) treffend formuliert, werden irrationale Handlungen erst über die Konstruktion rationaler Handlungen identifizierbar und erklärbar, als deren abweichende Variante sie zum Gegenstand der Wissenschaft werden. Nicht-zweckrationales Handeln kann dann noch verständlich sein, wenn es eine sinnhafte, durch seine Beziehung auf bestimmte Werte erklärbare Abweichung vom rationalen Handeln darstellt. Auch dieses Handeln lässt sich idealtypisch identifizieren und erklären, solange für die Abweichung von der Rationalität noch eine sinnhafte Erklärung gefunden werden kann. Ist dies nicht der Fall, handelt es sich um unverständliches Sichtverhalten (Mittelstraß 2008: 512).

Es wird angemerkt, wenn Motive und Gründe des Handelns bewusst werden, befindet man sich – nach methologischen Voraussetzungen – bereits auf dem Weg, aus affektuellem oder traditionellem Handeln wert- oder zweckrationales zu machen (Giesing 2002: 139).

Punktuelle Aufschlüsselung möglicher Beweggründe von/vom:

A. Banken – Intermediary Banken – Zahlungsdiensteleister

- Traditionelle Gepflogenheit
- Usus – „state of the art"
- Hoher Aufwand der technischen Um- bzw. Richtigstellung
- Keine Konsequenz zu erwarten

- Pauschales Handeln von wissentlich Mehreren (warum sollten wir etwas ändern, wenn andere es auch nicht tun)
- Solange es (noch) geht
- Generieren von Erträgen
- Kompensation steigender Kosten
- Kompensation stagnierender Erträge
- Der Einfachheit halber

B. Gesetzgeber

- Vereinheitlichung von Regularien
- Sicherheit für Anwender und Nutzer
- Ausdehnung des Gebiets
- Ankurbelung des Wettbewerbs
- Öffnung des Markts
- Gebührensenkende Maßnahme für Anwender und Nutzer
- Transparentmachung von zugrundeliegenden Bedingungen

C. Anwender und Nutzer

- Technisch (noch) möglich
- Keine Aufklärung bzw. weitere Information
- Wird von der anderen Geschäftsseite verlangt
- Kostensparend oder Verschaffung von strategischen Vorteilen
- Der Einfachheit halber
- Traditionelle Gepflogenheit
- Usus – „state of the art"
- Keine Konsequenz zu erwarten
- Pauschales Handeln von wissentlich Mehreren (warum sollten wir etwas ändern, wenn andere es auch nicht tun)
- Solange es (noch) geht

Wie in den Kapiteln zuvor ergründet, werden vom Gesetzgeber gelassene Freiräume für jeweils eigene Vorteile (aus-) genützt und strategisch eingesetzt. Es obliegt einerseits dem Europäischen Parlament, realistische, sinnvolle und machbare Ziele terminiert auf nationalen Ebenen einzufordern, andererseits aber auch die Umsetzung sicherzustellen und Konsequenzen bzw. Maßnahmen zu setzen, falls auch nur Teile von der vollharmonisierten Richtlinie (PSD II) nicht umgesetzt wurden ggf. werden. Dies scheint ein maßgeblicher Dreh- und Angelpunkt zu sein. „Wo kein Kläger, da kein Richter" darf kein operativ gelebtes Motto darstellen. Die Tragweite des Outputs ist hierfür zu groß.

Es ist eindeutig zu erkennen, dass sich die Forschungsfragen und die Beweggründe für irrationales Handeln, ergo Verhalten, kausal verhalten.

Im Anschluss werden die ersten gewonnenen Erkenntnisse im Rahmen eines Kurzresümees zusammengefasst.

2.3.4 Kurzresümee

Wie wird die Bank der Zukunft aussehen? Welche Dienstleistung wird sie erbringen? Wird die Bank von heute noch auf den Zug in Richtung Finanzdienstleister von morgen aufspringen können? Oder werden Banken – wie wir sie noch heute kennen – pauschal durch innovative und digital exzellent positionierte Dienstleister substituiert?

Mit Bezug auf die Ausführungen von *Kraus* (2015) werden mögliche zukünftige Änderungsszenarien untenstehend angeführt:

Eine wesentliche und elementare Frage für das Banking der Zukunft wird sein, wer zentraler Dienstleister für den Kunden wird und dessen Daten aggregieren darf. Besonders groß ist derzeit die Besorgnis der Branche, dass sogenannte FinTechs, Start-up-Unternehmen für digitale Finanzdienstleistungen, den etablierten Geldinstituten ihren Rang ablaufen könnten.

Es ist zu erkennen, dass insbesondere klassische Retail-Kunden die alltäglichen Dienstleistungen ihrer Hausbank durch digitale Apps ersetzen. Die markteintretenden Player sind dynamisch und unvorbelastet. FinTechs investieren im Gegensatz zu den Banken in den Bereich Zahlungsverkehr. Somit ist es vielen FinTechs gelungen, einen technologischen Vorsprung zu erreichen, der bereits bemerkenswerte Erfolge bewirkt hat.

Die auf nationaler Ebene vollharmonisiert umzusetzende bzw. umgesetzte PSD II wird dieser Entwicklung zusätzlichen Vorschub leisten. Es dürfte für Banken in naher Zukunft nicht mehr selbstverständlich sein, den direkten Kontakt zum Kunden zu bewahren und sich bei Finanzthemen als erster Ansprechpartner positionieren zu können. Gerade was die digital zunehmend affineren Kundinnen und Kunden angeht, besteht die Befürchtung, das Geschäftsmodell langfristig per Disintermediation zu gefährden. Aggregationskompetenz von Kontoinformationen und darauf aufbauende Dienste inklusive Beratungsdienstleistungen werden zum differenzierenden Service von morgen. Für alle etablierten Spieler steht ein schmerzhafter Prozess des Umlernens bevor, bei dem eine Neuausrichtung der eigenen Stärken notwendig ist. Nur wer über eigene Aggregationskompetenz verfügt, wird in der Lage sein, profitable Mehrwertdienste rund um die Kundenkonten zu platzieren.

Kerninhaltlich kann aus den vergangenen Recherchen und Analysen zur PSD II wie folgt zusammengefasst werden:

Der Hintergrund zur PSD II

- Diese Richtlinie bildet die rechtliche Grundlage zur Weiterentwicklung in Richtung eines besser integrierten Binnenmarkts für elektronische Zahlungen in der Europäischen Union (EU).
- Sie sieht umfassende Vorschriften über Zahlungsdienste vor, um den internationalen Zahlungsverkehr (innerhalb der EU) so einfach, effizient und sicher zu machen wie Zahlungen innerhalb eines Landes.
- Sie bezweckt die Öffnung der Zahlungsmärkte für neue Marktteilnehmer, um mehr Wettbewerb, mehr Auswahl und bessere Preise für Verbraucher zu ermöglichen.
- Ferner schafft sie die nötige rechtliche Grundlage für den einheitlichen Euro-Zahlungsverkehrsraum (Single Euro Payments Area, SEPA).
- Die Richtlinie soll die bestehenden EU-Vorschriften für elektronische Zahlungen verbessern. Dabei berücksichtigt sie neu entstehende und innovative Zahlungsdienste wie Internet- und mobile Zahlungen.

Die Richtlinie setzt Vorschriften folgender Art fest:

- Strenge Sicherheitsanforderungen für elektronische Zahlungen und den Schutz der Finanzdaten der Verbraucher, um ein sicheres

Authentifizierungsverfahren zu gewährleisten und das Betrugsrisiko zu verringern.

Voerman (2017) äußert sich sehr treffend:

> „Article 94, par. 2 of the PSD2 also states that payment service providers shall only access, process and retain personal data necessary for the provision of their payment services, with the explicit consent of the payment service. Although explicit consent is required, both the PSD2 itself and the so-called explanatory notes do not provide any further explanation about how this explicit consent should be given or recorded [...]."

- Transparenz der Bedingungen und Informationspflichten für Zahlungsdienste.
- Die Rechte und Pflichten der Nutzer und Anbieter von Zahlungsdiensten.
- Die Richtlinie wird durch die Verordnung (EU) 2015/751 ergänzt, die eine Obergrenze für die von Banken erhobenen Interbankenentgelte für kartengebundene Zahlungsvorgänge festsetzt. Damit sollen die Kosten gesenkt werden, die den Händlern durch die Annahme von Verbraucherdebit- und -kreditkarten entstehen.
- Ein besser integrierter Zahlungsmarkt in der EU.
- Die Richtlinie setzt klare und umfassende Regeln fest, die auf bestehende und neue Anbieter innovativer Zahlungsdienste Anwendung finden. Diese Regeln sollen gewährleisten, dass diese Marktteilnehmer zu gleichen Bedingungen in den Wettbewerb treten können. Dadurch soll mehr Effizienz, Auswahl und Transparenz bei Zahlungsdiensten möglich und zugleich das Verbrauchervertrauen in den harmonisierten Zahlungsmarkt gestärkt werden.
- Öffnung des EU-Marktes für neue Dienste und Dienstanbieter.

Die Richtlinie bezweckt außerdem:

Die Öffnung des EU-Zahlungsverkehrsmarkts für Anbieter von verbraucher- oder unternehmensorientierten Zahlungsdiensten, die auf dem Zugriff zu Informationen über das Zahlungskonto basieren, insbesondere:

- Kontoinformationsdienste, die dem Zahlungsdienstnutzer jederzeit einen Überblick über seine finanzielle Situation und somit eine bessere Verwaltung der persönlichen Finanzen ermöglichen
- Zahlungsauslösedienste, über die Kunden in einer einfachen Überweisung für ihre Onlinekäufe zahlen können und die den Händlern zugleich die Gewissheit geben, dass die Zahlung ausgelöst wurde, sodass die Ware unverzüglich freigegeben wird bzw. die Dienstleistungen unverzüglich erbracht werden.

Die Verbraucherrechte werden gestärkt. Dies umfasst:

- Haftungseinschränkung bei nicht autorisierten Zahlungen zwischen 50 Euro und 150 Euro.
- Bedingungslosen Anspruch auf Erstattung für Lastschriften in Euro.
- Abschaffung der Aufschläge für die Nutzung einer Verbraucherkredit- oder -debitkarte.

Die Richtlinie führt nicht zu einer wesentlichen Änderung der Bedingungen für die Erteilung der Zulassung als Zahlungsinstitut. Zahlungsinstitute, die Kontoinformationsdienste bereitstellen, müssen als Voraussetzung für ihre Zulassung jedoch über eine Berufshaftpflichtversicherung verfügen. Die Richtlinie umfasst ferner Vorschriften über die Beaufsichtigung zugelassener Zahlungsinstitute sowie Maßnahmen bei Nichteinhaltung.

Die Rolle der EBA wird auf folgende Aufgaben ausgeweitet:

- Entwicklung eines öffentlich zugänglichen zentralen Registers zugelassener Zahlungsinstitute, das von den entsprechenden Behörden der EU-Länder auf dem neuesten Stand gehalten werden muss.
- Unterstützende Tätigkeit bei der Beilegung von Streitigkeiten zwischen den nationalen Behörden.
- Ausarbeitung technischer Regulierungsstandards für eine starke Kundenauthentifizierung und sichere Kommunikationskanäle, die von allen Zahlungsdiensteleistern eingehalten werden müssen.

- Aufbau von Zusammenarbeit und Informationsaustausch zwischen den Aufsichtsbehörden.

2.4 Digitalisierungsoffensive

Bevor die mit der PSD II einhergehende Digitalisierungswelle bzw. Digitalisierungsoffensive in diesem Kapitel und in den weiterführenden Unterkapiteln näher beleuchtet wird, werden u. a. Primär- und Sekundäreinflüsse – ergo Faktoren mit niedrigem oder hohem Einfluss – auf die Bankenlandschaft geschildert.

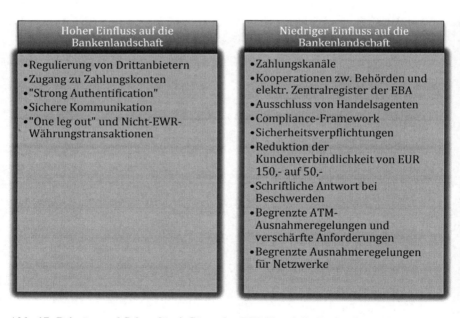

Abb. 17: **Primär- und Sekundäreinflüsse der PSD II auf die Bankenlandschaft**
Quelle: eigene Darstellung

Die zunehmende Digitalisierungsoffensive in Bereichen des Zahlungsverkehrs und insbesondere die zunehmende Bedeutung von mobilen Endgeräten stellen massive Herausforderungen an die Bankenwelt, generell an Finanzinstitutionen. Natürlich bietet sie in weiterer Folge auch neue Chancen sowie die Option, die Kundin oder den Kunden über die reine Zahlungsabwicklung hinaus wesentlich intensiver unterstützend zu begleiten bzw. zu beraten. Banken sind in diesem sich revolutionär verändernden Markt mit neuen Teilnehmern und Akteuren aus fremden Branchen sowie sich stark verändernden Kundenanforderungen konfrontiert. In solch einem Kontext müssen sich Banken entscheiden, wie sie sich in dieser Phase der Veränderung positionieren und strategisch ausrichten wollen. Ebenso welche Leistungen sie künftig anbieten wollen oder nicht (Schlohmann, Kurt, in Bodek et al. 2017: 399).

Die vorliegende Arbeit beleuchtet einerseits die Sicht des Endkunden, andererseits die aktuellen Positionierungen und Stellungnahmen unterschiedlicher Akteure im Feld des bargeldlosen Zahlungsverkehrs im Fokus der Beantwortung der Forschungsfragen.

2.4.1 *Innovative Systeme am Markt des Zahlungsverkehrs*

In diesem Kapitel werden die aktuell innovativsten Produkte rund um den zukunftsweisenden Zahlungsverkehr dargeboten.

Zu fokussierende Zielgruppen, der Finanzmarkt, das Marktumfeld, diverse Implementierungsleitfäden erweisen sich als noch sehr unsicher. Eine grundsätzliche strategische Ausrichtung der produktanbietenden Marktteilnehmer wird dennoch – schon jetzt – als zielführend betrachtet, obwohl die Situation um die Varianten und Möglichkeiten von Positionierungen neuer Geschäftsmodelle in einschlägigen fachlichen und wissenschaftliche Kreisen merklich kontrovers diskutiert wird. Als Resultat dieser intensiven themeninhaltlichen Auseinandersetzung wird jedoch gesehen, dass beispielsweise Transaktionsbanken an zahlreichen Initiativen arbeiten, welche Geschäftsmodelle den neuen Rahmenbedingungen anpassen sollen und – daraus ableitend – am Markt kapitalisieren (Beimborn, Daniel und Heinz-Theo Wagner, in Bodek et al. 2017: 170 ff.).

Innovative und zukunftweisende Veränderungen im modernen Zahlungsverkehr

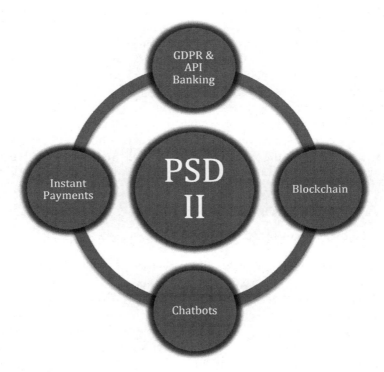

Abb. 18: **Der moderne Zahlungsverkehr**
Quelle: eigene Darstellung

Instant Payments: Es liegt ein weltweiter Trend zugrunde, welcher auch in Europa aufkommt. Zum Zeitpunkt 2. Quartal 2018 laufen z. B. in Österreich mehrere Testphasen und per 4. Quartal 2018 soll voraussichtlich die erste Echtphase starten. Mit Hochdruck wurde und wird bereits am Aufbau einer Echtzeit-Infrastruktur gearbeitet. Dieses Echtzeit-Zahlungsverkehrsprodukt beinhaltet Overlay-Leistungen (in der Entwicklung), welche B2B, C2B und B2C inkludieren. Eine einheitliche europaweite Lösung für Zahlungen in der Währung Euro (EUR) ist das Ziel (Bodek et al. 2017: 320 ff.; Brühl und Dorschel 2017: 250).

GDPR: Die Allgemeine Datenschutz-Verordnung (General Data Protection Regulation GDPR) ist der neue rechtliche Rahmen der Europäischen Union, der festlegt, wie personenbezogene Daten gesammelt und verarbeitet werden dürfen. Die GDPR, per 25. Mai 2018 in Kraft, gilt für alle Organisationen mit Sitz in der EU, die personenbezogene Daten verarbeiten und alle Organisationen weltweit, die Daten verarbeiten, die EU-Bürgern gehören.

Der mögliche wirtschaftliche Nutzen liegt in dem Recht – sofern die Einwilligung der zugrundeliegenden Person vorhanden ist –, Kunden- bzw. generell Personendaten:
- zu löschen,
- zu teilen,
- zu transferieren,

um Daten-
- Aggregation,
- Analyse,
- Kategorisierung,

und die Entwicklung diverser neuer Services und Monetarisierungsalternativen zu ermöglichen (Saleem 2017: 26; Mühlbauer 2018: 96 ff.).

API-Banking: „Application Programming Interface Banking". Via APIs können Daten und Funktionen bestehender Anwendungen – z. B. Online-Banking-Plattformen – von Drittanbietern genutzt werden. Über APIs wird die einfache und schnelle Integration von Daten oder Banking-Funktionen in die Applikationen und Services von Drittanbietern ermöglicht. Das eröffnet Finanzinstituten und Drittanbietern neue Möglichkeiten, das Banking für Kunden komfortabler, vielseitiger, einfacher und damit kundenfreundlicher handzuhaben:

- Indem zum Beispiel der Nutzer im E-Banking von Bank „A" auch auf die Daten seiner weiteren Bankverbindungen „B" und auf zusätzliche Dienste zugreifen kann, ohne die Anwendung verlassen ggf. wechseln zu müssen.

- Oder der Nutzer bedient sich Zahlungs- und Finanz-Apps von Drittanbietern, die mit den Daten seiner bestehenden Bankverbindung(en) „A", „B", „C", arbeiten.

Wesentlich umschreibt API-Banking die zukunftsweisende Nutzung von Daten, die über APIs nicht nur der jeweiligen Bank, sondern auch anderen Dienstleistern zur Verfügung stehen. Dementsprechend werden das Banking und das Verwenden externer Finanzdienstleistungen für Kundinnen und Kunden einfacher und vielseitiger. API-Banking liegt kein Hype zugrunde, vielmehr eine Entwicklung, welche Geschäftsmodell, Strukturierung und strategische Ausrichtungen von Bankinstitutionen tiefgreifend beeinflusst (Brühl und Dorschel 2017: 86; Gamblin und Williams 2017: 8 ff.; Capellmann, Feniks und Peverelli 2018).

Blockchain: Wörtlich aus dem Englischen übersetzt, bedeutet Blockchain soviel wie „Blockkette" – in diesem Fall eine Kette aus Transaktionsblöcken. Man kann die Blockchain als ein modernes, innovatives und sicheres digitales Register betrachten, das Transaktionen zwischen z. B. einer Bankkundin oder einem Bankkunden und einem Zahlungsdiensteleister verzeichnet.Verwaltet wird das Online-Netzwerk von mehreren Rechnern – nämlich von denen der Teilnehmer der Transaktion. Bevor eine Transaktion stattfindet, muss diese von jedem Rechner aus verifiziert werden. Dies natürlich verschlüsselt, um die Sicherheit der Transaktion gewährleisten und bewerkstelligen zu können. In Folge fügen sich die Parameter der Transaktion zu einer Kette zusammen, welche in einen Computer-Code moduliert wird. Eine Blockchain kann auch als eine Art von transparenter Datenbank definiert werden. In einem sogenannten „digitalen Kontoauszug" werden jegliche – wenn auch noch so kleine – Detailinformationen einer Transaktion aufgezeichnet und für die Nutzer des Netzwerks (ein-) sehbar. Durch dieses Abwicklungsprozedere bietet die Blockchain die notwendige und geforderte Informationstransparenz zwischen teilnehmenden Nutzern (Laurence 2017; Rueckgauer 2017: 14 ff.; Gayvoronskaya, Meinel und Schnjakin 2018: 72 ff.).

Chatbots: Fokussiert definiert ist ein Chatbot eine Software, die mit dem Nutzer kommuniziert. Ein intelligentes, innovatives und zukunftsweisendes Dialog-System, das meist über eine – technisch nicht anspruchsvolle

– Texteingabe- und Textausgabemaske funktioniert. Im Wesentlichen wie das Nutzer von klassischen Chat- und Messenger-Programmen gewohnt sind und kennen. Chatbots können Fragen beantworten, Vorschläge für Produkte oder Services unterbreiten, Alternativen anbieten, Buchungen bestätigen, Support bieten und sehr viel mehr. Je nach Programmierung in Text, Bild, Video, Links oder auch mit Stimme in gesprochener Sprache. Ziel ist es, den Dialog mit Kundinnen und Kunden qualitativ auf höchstes Niveau zu verbessern, um Bedürfnisse zu erkennen, zu befriedigen oder ggf. auch zu wecken (Heinemann 2018: 72 ff.; Gentsch 2018: 165 ff.; Bodek et al. 2017: 230 ff.).

Werden nun alle genannten und erläuterten hochinnovativen Technologien als Konvolut und im operativen Einsatz betrachtet, so ergibt sich daraus eine mögliche Definition hinsichtlich Open Banking und sogenannter FinTechs. Der Betitelung des Open Bankings unter Nutzung von FinTech widmet sich das Folgekapitel.

2.4.2 FinTechs und Open Banking

Open Banking:

Erst seit einigen Jahren wird der Begriff des Open Bankings geläufiger. Ein Begriff, der nicht mit einfachen Erklärungen seine Definition findet. Open-Banking-Programme versuchen, Disruptionen im Post-PSD-II-Zahlungsverkehr gewinnbringend zu nutzen. Beispielsweise durch Investments in APIs, auf die zuletzt näher eingegangen wurde, aber auch durch Investments in Mehrwertdienste oder ggf. ebenso in Partnerschaften mit Nicht-Banken. Integrierte Plattformen über den gesamten Procure-to-pay-Zyklus, Nutzung von Daten- und Informationsflüssen von Käufern und Verkäufern, z. B. im Rahmen von Risikobewertungen. Diese strategische Vorgehensweise wird als (Teil) von Open Banking – bis hin zu Ökosystem-Lösungen – bezeichnet.

Im Stil von Eckrich und Jung (2016a) wird Open Banking wie folgt definiert:

„Sich öffnen" ähnelt den Erfahrungen eines „First Mover" außerhalb der Finanzindustrie des letzten Jahrzehnts und bietet große Chancen in einer anspruchsvollen Umgebung. Dieses Umfeld kann folgendermaßen charakterisiert werden:

Nulltoleranz für Fehler. Reputations- und Sicherheitsrisiken aufgrund der Rolle in der Ökonomie als wesentliche Infrastruktur. Die Sicherung von Geldmitteln und von persönlichen Daten sowie das „Transaction Banking" können als Kernkompetenzen einer Bank angesehen werden. Als Anbieter einer zentralen Infrastruktur erfahren Banken zusätzlichen Druck im Zusammenhang mit der Aufrechterhaltung und Veränderungen umfangreicher Operationen sowie diese mit den Anforderungen einer ständigen Verfügbarkeit in Einklang zu bringen (Kipker und Veil 2003).

Banken arbeiten in einem strengen und sich wandelnden, regulatorischen Umfeld. Obwohl die Strategiepläne und bevorstehenden Regelungen deutlich an die Banken kommuniziert wurden, sind ihre Interpretation, ihr Verständnis der strategischen Konsequenzen und die möglichst effiziente Realisierung der Compliance zeit- und kostenintensive Prozesse (Haertsch, Schubert und Selz 2003: 132 ff.).

Banken haben ihre kundenbezogene (Vertriebs-) Aspekte schon seit den frühen Jahren des Internets digitalisiert. Dies erwies sich als schwierig in Anbetracht der hochindividuellen, überlappenden und zusammenhängenden IT-Infrastrukturen, welche nicht unbedingt parallel digitalisiert wurden. Diese Komplexität macht die Anpassung und Erhaltung dieser Infrastrukturen kostspielig (Brühl und Dorschel 2017: 136 ff.).

„Sich öffnen" innerhalb des oben beschriebenen Umfelds bietet eine Vielzahl an Möglichkeiten, die einhergehen mit der Chance, neue Produkte und Services sicher auf einem innovativen Weg anzubieten. Der nächste Abschnitt fasst die wahrgenommenen Herausforderungen und Chancen, die mit der Öffnung einer Bank in Verbindung gebracht werden, zusammen (Schlohmann, Kurt, in Bodek et al. 2017: 399).

Herausforderungen für Banken, die sich öffnen:

Drei Herausforderungen sind für Banken bei der Öffnung von besonderer Bedeutung:

Herausforderung 1: Risiko der Disintermediation durch Drittparteien.
Die Kundenbindung könnte unter Druck geraten, weil damit zu rechnen ist, dass „Open Banking" in Kürze die „neue Normalität" für manche Kundengruppen werden könnte. Jedoch geht die Öffnung mit dem Risiko einer beschleunigten Disintermediation der Bankenrolle als der „de facto" finanzielle „Service Provider" einher. Das könnte zu einem Teilverlust der Kundenbeziehungen und damit einhergehend zu weniger „Cross-Selling"-Möglichkeiten führen (Bodek et al. 2017: 490 ff.).

Herausforderung 2: Risiko der Reputation und Markenvertrauen.
„Open APIs" bringen eine große Anzahl sicherheitsrelevanter Herausforderungen mit sich sowie potenziell betrügerische Drittparteien, digitale Eingriffe, Personifizierungen, unerlaubten Gebrauch von Daten und Datenschutz der Kunden. Die Sicherstellung von Geldern und persönlichen Daten für Verwahr- und Transaktionsdienste ist Grundvoraussetzung für die Finanzindustrie. Aus der Sicht der Kunden ist Vertrauen der gemeinsame Nenner und die Basis dieser Produkte. Die Reputation einer Bank hängt davon ab, wie vertrauenswürdig die Kunden die Dienstleistungen einschätzen. Die Auswirkungen der PSD II „Access-To-Account"-Richtlinien werden weiterhin die Aufmerksamkeit der Kunden gegenüber Dateneigentum und Sicherheit vergrößern. Darum müssen sich Banken überlegen, wie sie ein „Governance"-Kontrollmodell ausarbeiten, um sicherzugehen, dass teilnehmende Drittparteien nicht ihrer Reputation schaden (Bodek et al. 2017: 471 ff.).

Herausforderung 3: Wandel als Herausforderung.
In technischer Hinsicht werden Banken mit der Herausforderung konfrontiert, die API-Funktionalität zur Verfügung zu stellen. Damit wird vor allem die IT-Infrastruktur zu Drittparteien gemeint, während man die eigenen operationellen Standards aufrechterhalten muss. Das existierende Leistungsvermögen, die Betrugserkennung, der KYC sowie allgemeine Sicherheits- und Transaktionsüberwachungs-Standards müssen aktualisiert werden, um die Sicherheitsbedenken zu berücksichtigen.

Die vom Umsatz betroffenen Aspekte des „Open API" stellen eine Reihe von Herausforderungen an Banken. Wenn eine Bank innerhalb eines kurzen Zeitraums die relevanten Versprechen nicht wahrmachen kann, wird es Wettbewerbs-Konsequenzen geben, da FinTech-Unternehmen viel schneller agieren können. Diese Konsequenzen könnten zu einem Rückgang der Kundenbasis führen mit der Auswirkung, dass Banken nicht mehr in der Lage sind, von den Größenvorteilen zu profitieren. Dadurch werden Banken, deren Geschäftsmodell auf einer hohen Skalierbarkeit basiert, einen verstärkten Kostendruck erfahren (Bodek et al. 2017: 492 ff.).

Die technischen Herausforderungen und die Herausforderungen, die durch den Wandel des Wertversprechens einer Bank entstehen, können auch als organisatorische Herausforderungen beschrieben werden, mit denen Banken konfrontiert werden, die auf dem Weg sind, digitale „Service Provider" zu werden. Diese Herausforderungen umfassen Probleme in Bezug auf bürokratische Silos, den Widerstand zur Veränderung, den internen Fokus und unterschiedliche Meinungen bezüglich einer geeigneten Strategierichtung. Eine weitere Herausforderung werden die Zusammenarbeit und die Konfliktbeilegung mit Drittparteien sein (Brühl und Dorschel 2017: 245 ff.).

Auf der Industrieebene werden die Veränderungen, die mit „Open APIs" verbunden sind, auch die aktuellen Geschäftsmodelle beeinflussen. Das erfordert einen industrieübergreifenden Dialog, bei dem gemeinschaftliche Aspekte des „Open Banking" definiert werden sollte. Da es grundsätzliche Unterschiede im Kundenverhalten, bei der Interpretation von Regularien durch Mitgliedsstaaten und in der technischen Infrastruktur auf der nationalen Ebene gibt, wird dieser Dialog höchstwahrscheinlich auf einer nationalen Ebene, in Koordination mit einem europaweiten Konzept, stattfinden.

Chancen für Banken, die sich öffnen

Chance 1: Verbesserte Service-Innovationen.
Durch die Öffnung haben Banken die Möglichkeit, ihr jetziges Dienstleistungsangebot auf zwei verschiedene Weisen zu verbessern.

- Das jetzige Angebot ausweiten: Die Ausweitung der jetzigen Produkte und Services jenseits der Bezahl- und Kontodienstleistungen, wie z. B. in Richtung der Leistungen im Bereich „Digitale Identität".
- Neue Wege einschlagen: Den Vorteil des Teilens und der Ansammlung von Kundendaten aus verschiedenen Konten nutzen und diesen mit existierenden Daten von Partnerbanken und/oder FinTech-Unternehmen anreichern. Mithilfe von verbesserten Datenanalysen kann es zu einer Aufwertung der Produkte und Dienstleistungsinnovationen führen.

Chance 2: Größerer und verbesserter Absatz.
Die Ungewissheit rund um die zu erbringenden Dienstleistungen halten Banken davon ab, ihr Produktangebot auf digitalen Plattformen anderer Banken oder Drittparteien anzubieten.

Ein standardisiertes Provisionsmodell für gemeinsame Dienste wird schon bei der Öffnung innerhalb eines „Open Banking"-orientierten Umfelds angeboten. Dieses Modell kann dazu benutzt werden, mehr Produkte und Dienstleistungen über mehrere Plattformen und Geräte zusammen mit anderen Banken und/oder FinTech-Unternehmen zu vertreiben.

In der Software- und Telekommunikationsindustrie wird das Verfahren, bei dem Kunden eine große Anzahl verschiedener Services für einen vereinbarten Tarif angeboten bekommen, „Bundling" (eng. = Bündelung) genannt. Innerhalb des „Open Banking"-Umfelds kann
„Bundling" jetzt einfach als Medium verwendet werden, mit dem Produkte und Services an den Kunden gebracht werden. Es erlaubt den Kunden, bei einer Reihe von spezifischen Produktangeboten wählerisch zu sein (möglicherweise bei unterschiedlichen Banken und FinTech-Unternehmen). Dabei wird die Kundenrelevanz durch individuelle Kundenanpassungen vergrößert (Fastnacht: 2009: 90 ff.).

Chance 3: Verbesserte Risikominderung.
Ein standardisiertes Konzept zum Vertrieb von Produkten und Services erfordert ein standardisiertes Konzept für die Sicherheit. So können Banken ihren Markennamen als vertrauenswürdig und sicher hervorheben, während sie von einer größeren Reichweite profitieren. Es wird erwartet, dass der angestrebte Austausch von Informationen zwischen Banken auch Maßnahmen der Entscheidungsfindung und Schadensminderung bezüg-

lich Betrugsprävention, KYC und „Anti Money Laundering" (AML) (eng. = Geldwäschebekämpfung) verbessert.

Feststellungen zu „Open Banking":

Die vorangegangenen Kapitel haben beschrieben, was „Open APIs" und „Open Banking" sind und wie sich Entscheidungsträger im Finanzdienstleistungssektor bezüglich der bevorstehenden Veränderungen positionieren können. Die wichtigsten Feststellungen können wie folgt zusammengefasst werden:

- „Open APIs" könnten den Weg für „Open Banking" ebnen. Die aktuellen FinTech-Entwicklungen und die parallele Einführung der PSD-II-Richtlinien haben die Diskussionen zur Öffnung von Banken, durch z. B. die Nutzung von „Open APIs" für die Ermöglichung von „Open Banking"-Geschäftsstrategien, angeheizt. Es sind mindestens zehn Gemeinschaftsinitiativen zum Thema „Open APIs" und „Open Banking" entstanden, wobei keine von Banken vorangetrieben wird.
- „Open Banking" hat Einfluss auf existierende Prozesse für Produkte und Vertrieb. Produkt- und Vertriebsstrategien gehörten schon immer zu den Kernaufgaben einer Bank. „Open Banking" und die damit verbundenen digitalen Technologien liefern neue Chancen und Herausforderungen hinsichtlich des Maßstabs und des „Scopes" für Produkte und deren Vertrieb im digitalen Zeitalter.
- Banken müssen eventuell strategische Entscheidungen in ihrem Umgang mit „Open Banking" treffen. Die Banken werden herausgefordert, ihre eigenen, einzigartigen Verkaufsargumente zu finden und zum Ausdruck zu bringen, um Werte in einer offenen Geschäftsumgebung mitzugestalten. Banken müssen ihre Strategien in Bezug auf Produkte und deren Vertrieb überdenken. Ebenso müssen sie neue Geschäftsmodelle untersuchen, die über das aktuelle Angebot hinausgehen.
- API-Industrie-Standards könnten den Gewinn und Wert von „Open Banking" maximieren, wenn sie nicht nur als rein technische Standards betrachtet werden. Standards sind erforderlich, um Interoperabilität zu schaffen und eine kosteneffiziente und einfache Integration

zu ermöglichen. Das Akzeptanzniveau von API-Standards in der Industrie ist der Schlüssel zum Erfolg und wird vom „Scope" der (individuellen, gemeinschaftlichen, industriellen und universellen) Benutzergruppen bestimmt, welche den Standard definieren. Genauso wichtig ist der „Scope" der Standardisierung (z. B. technisch, funktionell, operationell und rechtlich). Finanzdienstleistungen erfordern Sicherheit, Datenschutz und Compliance, darum muss sich die API-Standardisierung über den technischen und funktionellen Aspekten hinaus entwickeln und auch rechtliche, operationelle und „Governance"-bezogene Aspekte miteinbeziehen. Zu guter Letzt könnte der Gebrauch von Standards die Gesamtinvestition und das Risiko je Institution reduzieren.

- „Open Banking" mit standardisierten „Open APIs" als Grundlagentechnologie steckt immer noch in den Kinderschuhen. In Anbetracht der aktuellen Entwicklungen kann eine schnelle und gemeinschaftliche Entwicklung erwartet werden. Das könnte die Voraussetzungen für einen industrieübergreifenden Dialog schaffen, bei dem Interessenvertreter von Banken und Nicht-Banken involviert sind (Deng und LEE Kuo Chuen 2018: 379 f.).

Der Zahlungsverkehrsindustrie steht eine spannende und prägende Phase bevor. Neue Strategien, teilweise bestimmt durch Vorschriften und teilweise angetrieben durch Chancen, müssen basierend auf dem sich wandelnden Konsumentenverhalten entwickelt werden (Seidel 2017: 19).

FinTechs

In Anlehnung an die Marktdefinition von FinTechs durch *Statista Deutschland* (2018) wird nachfolgend erörtert, was sich hinter dem Begriff tatsächlich verbirgt:

- FinTech versteht sich als Kurzform von Finanztechnologie und ist zum zentralen Begriff des strukturprägenden Wandels und der Digitalisierung der Finanzdienstleistungsbranche geworden (Ornau in: SRH Fernhochschule 2017: 49).
- Unter dem Sammelbegriff „FinTech", der bisher nicht eindeutig definiert ist, werden im Rahmen des Digital Market Outlooks Finanz-

dienstleistungen verstanden, die mittels digitaler Infrastruktur neuartige Angebotsformen und Abwicklungsprozesse in klassischen Bereichen des Bankgeschäfts wie Kreditgeschäft, Anlagestrategien und Zahlungsverkehr etablieren (Rasche und Tiberius 2017: 50 ff.).
- Die Ausprägungen der Digitalisierungsprozesses von Finanzdienstleistungen umfassen dabei den vereinfachten Zugang für Endnutzer über das Internet oder mobile Apps, eine Erhöhung der Abwicklungsgeschwindigkeit u. a. über Automatisierungsprozesse, Kostensenkungen, eine starke Serviceorientierung und hohen Komfort, Transparenz und die Ausnutzung von Netzwerkeffekten (Böhnke und Rolfes 2018: 39 ff.).
- Der FinTech-Markt wird durch eine enorm wachsende Anzahl von Start-ups und Unternehmen ohne Banklizenz (Non-banks) geprägt. Für die Betrachtung des Gesamtpotenzials ist eine Unterteilung des Marktes in klassische Banken und Nicht-Banken jedoch nicht sinnvoll, da Konsolidierungsprozesse, Kooperationen und White-Label-Lösungen zukünftig keine klare anbieterseitige Abgrenzung erlauben. Daher wird eine funktionsorientierte Segmentierung bevorzugt, basierend auf einer zugangs- bzw. geschäftsmodellorientierten Marktunterteilung (Rasche und Tiberius 2017: 5 ff.).

Es ist unumstritten, dass der Begriff „FinTech" die Summe an einzelnen innovativen, hochtechnologischen und auch mobilen Anwendungsmöglichkeiten darstellt. In der Gesamtheit spricht man dementsprechend von Open Banking.

Ich verweise an dieser Stelle auf das am 13. Februar 2018 von *„Forbes"* online veröffentlichte Ranking *„The Forbes Fintech 50 For 2018"*.

Das nächste Kapitel beschließt den theoretischen Teil der vorliegenden Arbeit und beleuchtet vorhandene Pros und Contras im Bezug auf die kontrovers diskutierte Berechtigung von Bargeld im Fokus der Digitalisierungswelle – besonders hinsichtlich der PSD II – im bargeldlosen Zahlungsverkehr.

2.4.3 Bargeld Pro und Contra

Nach Noak und Philipper (2016) in „*Bargeld – abschaffen? oder erhalten!*" wiedergegeben, erfüllt Geld in einer modernen und arbeitsteiligen Welt ganz bestimmte Aufgaben, ohne die ein Funktionieren zukunftsweisender Volkswirtschaften nicht möglich wäre. Es steht dabei den Wirtschaftssubjekten sowohl als Bargeld, ergo Münzen und Banknoten, als auch Giralgeld bzw. Buchgeld zur Verfügung.

Klassischerweise erfüllt Geld verschiedene Funktionen: Zum einen ist es das allgemein anerkannte Zahlungs- und Tauschmittel, zum anderen dient es als Wertaufbewahrungsmittel (Deutsche Bundesbank 2016: 28 ff.).

Zudem erfüllt Geld die Funktion einer Recheneinheit. Ein Medium wird zur Wahrnehmung dieser Funktionen nur dann hinreichend akzeptiert und damit ökonomisch zu Geld, wenn es als Gegenleistung im Gütertausch oder als Entlohnung akzeptiert wird, weil seine Besitzer darauf vertrauen können, es wertstabil im Gütertausch wieder einsetzen zu können. Aus diesem Grund unterliegen die Zentralbanken dem Gebot der Sicherung von Preisniveaustabilität. Zudem ist es äußerst wichtig, dass Zentralbanken – gemeinsam mit Regierungen – ein Klima des Vertrauens für die eigene Währung schaffen (Europäisches Verbraucherzentrum Deutschland 2016).

So hat die Geldpolitik im Nachgang zur Finanzkrise verdeutlicht, dass es möglich ist, Buchgeld mit negativen Zinsen zu belegen. Negative Zinsen widersprechen aber genau wie

Wertverluste durch Inflation dem eigentlichen Prinzip der Wertaufbewahrung. Dort wo negative Zinsen drohen oder erhoben werden, gibt es demnach einen Anreiz für Privatpersonen und Unternehmen, anstelle von Buchgeld andere Vermögensklassen zur Wertaufbewahrung zu nutzen. Die Akkumulation und Verwahrung von Bargeld ist dabei eine legitime Alternative.

Mit der Entscheidung der Europäischen Zentralbank (EZB), die Produktion und Ausgabe der 500-Euro-Banknote einzustellen, und den derzeitigen Überlegungen zur gesetzlichen Begrenzung von Bargeldzahlungen in Deutschland bzw. EU-weit hat die Diskussion um eine Abschaffung von Bargeld deutlich an Intensität gewonnen. Während die EZB und das Bundesministerium der Finanzen derartige Maßnahmen bzw. Überlegungen mit der Bekämpfung illegaler Aktivitäten begründen, befürchten Kritiker der Beschränkungen von Bargeldzahlungen, dass dieses nur der erste Schritt zu einer vollständigen Bargeldabschaffung sein könnte. Diese Diskussion geschieht zum einen vor dem Hintergrund eines weltweit veränderten Kauf- und Zahlungsverhaltens, gefördert durch Innovationen auf Basis des rasanten technologischen Fortschritts. Zum anderen haben einzelne Länder der EU das Recht zur Bezahlung mit Bargeld bereits gesetzlich eingeschränkt.

Von daher ist es notwendig, zu einer schrittweisen, schleichenden und am Ende vielleicht vollständigen Abschaffung von Bargeld als Zahlungsmittel Position zu beziehen. Dabei muss berücksichtigt werden, dass Geld in einer Volkswirtschaft nicht nur als Zahlungsmittel, sondern auch als Wertaufbewahrungsmittel einen besonders hohen Vertrauensschutz genießen muss.

Caspar Dohmen publizierte im Jahr 2016 den interessanten Bericht: *„Ökonomen: Bargeld abschaffen!"*, in dem er an einen Vortrag an der Universität München (2014) erinnerte. In Anlehnung wie nachfolgend:

Einer der profiliertesten Vertreter der Bargeldabschaffung ist der US-Ökonom Kenneth Rogoff. Er ist Professor an der Harvard-Universität, auch vormaliger Chefökonom des Internationalen Währungsfonds. In Deutschland hat er die Diskussion um die Abschaffung des Bargeldes durch einen Vortrag an der Universität München in November 2014 initiiert. Sein Vortrag bewegte sich fachinhaltlich um die Bewältigung der Finanzkrise nach der Lehmann-Pleite. Gäbe es kein Bargeld – besagt seine Argumentation – hätten die Notenbanken negative Zinsen für Sparguthaben durchsetzen können, um Investitionen zu erzwingen und damit die Wirtschaft anzukurbeln.

Als konkrete Pros für Barmittel werden oft Punkte wie die Anonymität oder eine verbesserte subjektive Ausgabenkontrolle angesprochen. Auch wird Bargeld für niedrigschwellige Beträge präferiert. Weiters gibt es Pros wie die Echtheit, Schnelligkeit und Sicherheit am Point of Sale. Ebenso die haptische Komponente von Bargeld und dessen kulturelle Leistung – wie Freiheit und Unabhängigkeit – gelten als verifiziert und werden immer wieder – umfangreich und explizit – betont (Kalekreuth in Kalekreuth, Schmidt und Stix 2014: 1753).

Im Speziellen bei der Nutzung von digitalen Bezahlinstrumenten lassen sich zwei Gruppen unterscheiden: einerseits die innovationsorientierten User, andererseits die innovationsaversen Nutzer. Es werden daher entweder interessante Aspekte von modernen Bezahlinstrumenten erkannt, oder von aversen Personen eher diverse Bedrohungen und Einschränkungen befürchtet. Daraus ableitend sind es die innovationsorientierten Menschen, die eher für die Abschaffung des Bargeldes stimmen würden (Tennert in SRH Fernhochschule 2017: 79 ff.).

Die Auswirkungen des sogenannten „gläsernen Menschen" hinsichtlich Datenschutz, Datendiebstahl und dessen Missbrauch machen viele Gegner der Vision von der Abschaffung des Bargeldes zum Argument. Insbesondere Datenschutzexperten wollen den Gedanken auf der einen Seite besonders kritisch diskutiert wissen, auf der anderen Seite drängt sich kontrovers der Gedanke an eine radikale Digitalisierung des Zahlungsverkehrs auf, so dass am Ende Bargeld entweder zur Gänze verschwinden wird oder es Verbote bzw. Besteuerungen darauf geben könnte. Datenschutzexperten warnen jedoch gezielt vor der sich generierenden Möglichkeit, vollautomatisiert Personen-, Aufenthalts-, Lebensweisen- und Konsumverhalten-Analysen erstellen zu können. Dementsprechend könnte die lebenspraktische Freiheitsfalle rundum zuschnappen (Thiede 2014: 120).

Der elektronische Zahlungsverkehr hält an immer mehr Orten Einzug. Der Besuch des Bankschalters wird durch E-Banking ersetzt. Zu wissen, dass keine Person mehr Bargeld bei sich trägt, birgt Sicherheit hinsichtlich Raub und Diebstahl. Der Trend zu weniger Bargeld wird daher weitergehen und Zahlungen werden komplett digitalisiert werden. Die Digitalisierung wird effizienter, lückenloser, aber dadurch auch überwachbarer. Es wird noch eine Weile dauern, jedoch wird das Bargeld verschwinden. Es gilt zu versichern, zu bewerkstelligen und zu gewährleisten, dass der digitale Zahlungsverkehr genauso gut funktioniert wie mit Bargeld und dass alle Systeme dahinter sicher und einheitlich reguliert sind (Freitag 2016: 48 f.).

Die Digitalisierung im Zahlungsverkehr manipuliert den Verbraucher, es sollte jedoch bedacht werden, dass dies schon seit Jahrzehnten die Praxis darstellt. Warum platzieren Supermärkte Grundnahrungsmittel beispielsweise immer am hinteren Ende der Verkaufsräumlichkeit? Der

Kunde durchquert den ganzen Markt und kauft im günstigsten Fall noch weitere Produkte. Auch dies ist Manipulation (Jerusel, Ternés und Towers 2015: 23 ff.).

Trotz aller Gegebenheiten, die für die Digitalisierung und den digitalen Zahlungsverkehr sprechen, rechnen Experten damit, dass der Anteil der bargeldlosen Zahlungsmittel den Bargeldanteil erst frühestens 2018 übersteigt (Seibel 2013).

2.5 Zwischenanalyse der literarischen und teilempirischen Erkenntnisse

Bevor im nächsten Kapitel der empirische Teil der vorliegenden Arbeit behandelt wird, können Primärinhalte der vergangenen Kapitel zusammenfassend in Chancen und Risiken, neue Möglichkeiten und Ängste hinsichtlich der Marktöffnung und Digitalisierungswelle für bestehende Marktteilnehmer – seitens Verbrauchern und Unternehmern – und neuen Marktteilnehmern untenstehend aufgegliedert werden. Durch die Analyse und angewandte Top-down-Methodik zur inhaltlichen textalischen Aufarbeitung der PSD II konnten ansatzweise Gründe dafür erörtert werden, weshalb Zahlungsverkehrsaufträge abweichend von der Richtlinie und jeweils in nationale Gesetze – in den Ländern der Europäischen Union – umgesetzten PSD II angeordnet und durchgeführt werden. Herausgearbeitete Aspekte sind demnach:

- Politisch-rechtliches Umfeld
- Datenschutz
- Technische Sicherheit von Infrastrukturen
- Soziokulturelles Umfeld
- Technologisch-umweltpolitisches Umfeld
- Demografisch-ökonomisches Umfeld
- Ausrichtung von bestehenden Bank- und Finanzdienstleistungs-Institutionen
- Potenzielle neue Konkurrenten für bestehende Marktteilnehmer
- Neue Produkte hinsichtlich möglicher Substitution
- Bestehende Kunden

- Neue Kunden
- Interne Branchenkonkurrenz im Bankensektor
- Mögliche neue Wertschöpfungskette im bargeldlosen Zahlungsverkehr
- Mögliche neue Kundenbedürfnisse im Fokus der Digitalisierungswelle
- Mögliche – sich für Verbraucher neu zusammensetzende – neue Wertsumme bzw. Wertgewinn
- Neue Kriterien im Bezug auf Kundenbegeisterung
- Umsetzbarkeit von Regularien
- Sinnhaftigkeit von Regularien im Bezug auf die Umsetzbarkeit
- Bewusste Nichteinhaltung von Bestandteilen der PSD II
- Gründe für die bewusste Nichteinhaltung von Bestandteilen der PSD II
- Messung des Einhaltungsgrades von Regularien
- Richtungsweisende Tadelung und Ahndung bei Nichteinhaltung von Regularien
- Ausblick hinsichtlich zukünftig möglicher Marktstruktur und Marktteilnehmer am Zahlungsverkehrssektor

Für zurzeit bestehende, künftig neu in den Markt eintretende bzw. auch substitutionsgefährdete Zahlungs- und Finanzdiensteleister ist es essentiell, sich explizit zu positionieren, ergo definitiv eine Stellung bzw. Ausrichtung einzunehmen (Heinemann 2018: 17 ff.).

Hinsichtlich der Positionierung werden nicht die herkömmlichen Parameter wie Produktorientierung, Kundenorientierung, Mitarbeiter- oder Produktionsorientierung angesprochen. Vielmehr ist Inhalt, wie stark sich bestehende Banken dem revolutionär- innovativen Marktumbruch anpassen wollen und ggf. auch können.

Welches Kundenklientel soll die Zielgruppe definieren und wie wird passend vorgegangen, um diese auch tatsächlich und konkret anzusprechen? Es gilt, kostenintensive Streuverluste zu verhindern. Bankexpertinnen und -experten sprechen von einem Neubeginn der Bankwirtschaft. Dementsprechend sind jeweils auch Grundwerte wie das „Vision- and Mission-Statement" zu hinterfragen und ggf. neu auszurichten. Zukünftig gelten Verkaufsargumente wie eine (bestehende) Marke an sich als trivial (Bieberstein und Brock 2015: 93 ff.).

Institutionen haben anhand von wissenschaftlichen Methoden ihre bestehenden vorhandenen Stärken und Schwächen zu analysieren (z. B. SWOT-Analyse), um die künftige Ausrichtung bestmöglich untermauern zu können.

Es ist auch unumgänglich, z. B. durch Marktforschung Reputationen einzuholen. Analysen wie die Durchführung eines „semantischen Differentials" helfen dabei, sicherstellen zu können, wie Kundinnen und Kunden oder Zielgruppen die Institution als Dienstleister sehen. Dementsprechend können korrekte Stoßrichtungen hinsichtlich der Marktpositionierung bewerkstelligt werden (Levknecht 2014: 37 ff.).

Positionierungsmodell Banken: Ist-Stand bzw. Ziel – Soll-Stand
OPEN BANKING

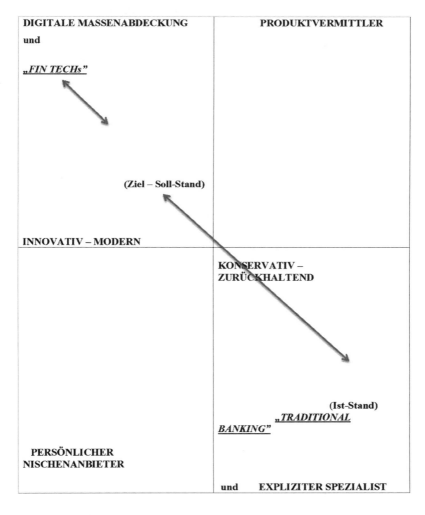

Abb. 19: **Positionierungsmodell Banken: Ist-Stand bzw. Ziel – Soll-Stand**
  Quelle: eigene Darstellung

Um die Wichtigkeit von unterschiedlichen Produkten und deren Eigenschaften für Kundinnen und Kunden einer definierten Zielgruppe nachweislich in Form von Informationsmaterial zu erlangen – um diese in weiterer Folge zu analysieren –, bedienen sich Zahlungsdiensteleister sogenannter Anforderungsfragebögen. Diese quantitative Option der Datengenerierung versetzt Institutionen in die Lage, anhand von z. B. Matrix-Visualisierungen erkennbar darzulegen, welche Eigenschaften bei Zahlungsverkehrsprodukten wichtig sind und inwieweit diese durch die Produkte des untersuchenden Instituts abgedeckt sind.

Beispielhaft kann eine Matrix nach Auswertung der Daten wie folgt unterbreitet werden:

Anforderungsmatrix Produkteigenschaften

Ordinate: Wie wichtig ist die gefragte Eigenschaft?
Abszisse: Inwieweit erfüllt das zugrundeliegende Zahlungsverkehrsprodukt der forschenden Unternehmung diese Eigenschaft?
Zugrundeliegendes Produkt: Mobile-Banking-App der Bank „A".

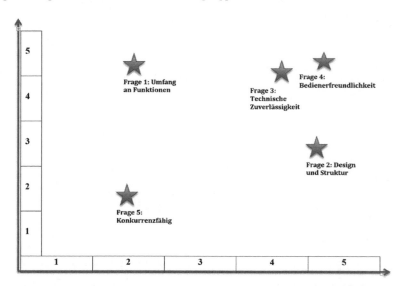

Abb. 20: Anforderungsmatrix Produkteigenschaften: Ist-Stand bzw. Ziel-Soll-Stand
Quelle: eigene Darstellung

Das fragenstellende Unternehmen kann den Erkenntnissen der Ergebnisse die angepeilte Neuausrichtung im Bezug auf die kommenden Herausforderungen gegenüberstellen. Dementsprechend können hinsichtlich der gewünschten Ausrichtung Klarheit und ein neuer Status quo, ergo ein Ist-Stand ermittelt werden. Zwischen der bankinternen Sichtweise und der Meinung von Kundinnen und Kunden, Produktnutzerinnen und Produktnutzern, besteht nicht selten eine breite „Gap" (Kluft, Spalt).

Die Ergebnisse der beispielhaften Umfrage können wie folgt interpretiert werden:

- **Frage 1:** Der Umfang der Funktionen ist mit fünf Punkten sehr wichtig. Die Nutzer sind mit dem Umfang – mit nur zwei Punkten – nicht zufrieden. Hier gibt es massiven Handlungsbedarf.
- **Frage 2:** Mit dem Design und mit der Struktur der mobilen Banking-App sind die User sehr zufrieden, jedoch ist das Design mit drei Punkten nur mäßig wichtig. Man könnte auch annehmen, dass es grundsätzlich stimmig sein muss.
- **Frage 3:** Die technische Zuverlässigkeit ist o. k. und wird auch als in Ordnung bewertet. Zuverlässigkeit ist eine zu erwartende Basis.
- **Frage 4:** Speziell mit der Bedienerfreundlichkeit sind die Befragten sehr zufrieden. Hier wird definitiv gepunktet.
- **Frage 5:** Die Konkurrenzfähigkeit wird mit nur zwei Punkten hinsichtlich Wichtigkeit bewertet. Mit ebenfalls nur zwei Punkten jedoch auch in der Annahme der Konkurrenzfähigkeit gegenüber anderen Banken oder Marktteilnehmern. User machen sich grundsätzlich wenig Gedanken über die Konkurrenzfähigkeit, definieren aber mit nur zwei Punkten in der Erfüllung ganz klar, dass in Kombination mit dem geringen Umfang an Funktionen der Mobile-Banking-App andere Unternehmen sicher besser aufgestellt sind.

Zusammenfassend darf angemerkt werden, dass Zuverlässigkeit, Design und Bedienerfreundlichkeit als Basis der App gut bewertet wurden. Durch eine Investition in den Umfang an Funktionen der App wird zukünftig mit hoher Wahrscheinlichkeit auch die Konkurrenzfähigkeit der Bank – im Bezug auf die Mobile-Banking-App – besser eingeschätzt werden. Besonders die Reputation am Markt würde bei diesem Ergebnis leiden. Es handelt sich um eine etablierte, stabile, jedoch konservative und veraltete App. Will dieses Unternehmen zukünftig keine Kunden an neue Marktteilnehmer verlieren oder gar substituiert werden – in Sachen mobilem bargeldlosem Zahlungsverkehr –, muss es vor dem Hintergrund des Oberbegriffs „Open Banking", welches durch die PSD II und deren gesetzlich nationale Umsetzung möglich wurde und wird, massive Investitionen tätigen. Es gilt keine Zeit zu verlieren. An dieser Stelle muss angemerkt werden, dass die vom Autor erörterten Varianten wissenschaftlicher Forschungsmethoden auf der einen Seite passende und rasch umzusetzende Möglichkeiten darstellen, auf der anderen Seite jedoch nur einen Auszug an machbarer Methodik der Forschung sein können.

Im folgenden Hauptkapitel wird eine empirische Untersuchung durchgeführt und die anschließenden Auswertungen der Ergebnisse – in Kombination und Abgleich der zahlreich zur Verfügung stehenden Erkenntnisse aus den theoretischen und teilempirischen Inhalten der vorliegenden Arbeit – werden hinsichtlich der zugrunde liegenden Forschungsfragen kritisch analysiert und fokussiert hinterfragt. Ziel ist es, zu beantworten, zu verifizieren oder ggf. zu falsifizieren, zu überprüfen und zu bestätigen, zu präsentieren und zu erklären.

3 Eine empirische Untersuchung

Diesem Kapitel liegt primär eine praktische, ergo empirische Untersuchung zugrunde. Die gewählte qualitative Vorgangsweise wurde im ersten Hauptkapitel ausführlich be- und ergründet. Zehn Finanzexpertinnen und Finanzexperten wurden im Rahmen der qualitativen Sozialforschung zu Leitfaden-Interviews eingeladen, einer speziellen Form des qualitativen offenen Experteninterviews. Vorgegebene Fragen lassen ausreichend Spielraum für freie individuelle Antworten. Dementsprechend handelt es sich um eine teilstrukturierte Art eines Interviews.

Als Grundlage der Vorbereitung hat sich der Autor und gleichzeitig Interviewer intensiv und fokussiert mit den Themengebieten im Feld und im Speziellen mit den zu untersuchenden Problemstellungen auseinandergesetzt (Mieg und Näf 2006: 4 ff.).

Bezugnehmend auf pauschalisierende Kritik zwischen den „Lagern" von standardisierter, quantitativer, hypothesenprüfender und offener, qualitativer, hypothesen- bzw. theoriegenerierender Verfahren im Vordergrund, hat sich qualitative Forschung heute fest im Methodenkanon der Sozialwissenschaften etabliert.

Es kann auf eine Vielzahl von Methoden und methodologischen Zugängen – wie Expertinnen- und Experteninterviews, narrative Interviews, die Grounded Theory, oder auch dokumentarische Methode, usw. – zugegriffen werden. Gegenstand qualitativer Sozialforschung ist zusammengefasst die Erhebung und Analyse nicht-standardisierter Daten, die i. d. R. als Text vorliegen, mit eigenen (nicht statistischen) Methoden.

Die drei typischen Gegenstandsbereiche gliedern sich in die subjektiven Sichtweisen, soziale Interaktionen und gesellschaftliche Tiefenstrukturen (Bohnsack 2008: 12 ff.; Flick 2007: 11 ff.; Strauss und Corbin 1996: 2 ff.).

Flick (2007) benennt die Phasen qualitativer Forschung tabellarisch wie auf der nächsten Seite angeführt.

© Springer Fachmedien Wiesbaden GmbH, ein Teil von Springer Nature 2019
M. Bramberger, *Payment Services Directive II*, BestMasters,
https://doi.org/10.1007/978-3-658-24775-1_3

Tab. 3: Phasen qualitativer Forschung
Quelle: Flick 2007: 35

Deutschland	USA
Ende 19./Anfang 20. Jahrhundert: frühe Studien.	1900 bis 1945: traditionelle Forschung.
Frühe 1970er Jahre: Phase des Imports.	1945 bis 1970er Jahre: modernistische Phase.
Späte 1970er Jahre: Beginn eigenständiger Diskussion.	Bis Mitte der 1980er Jahre: verwischte Genres.
1970er und 1980er Jahre: Entwicklung eigener Methoden.	Ab Mitte der 1980er Jahre: Krise der Repräsentation.
Späte 1980er und 1990er Jahre: Konsolidierung und Verfahrensfragen.	1990er Jahre: der fünfte Moment.
Forschungspraxis	Späte 1990er Jahre und Anfang des 21. Jahrhunderts: der sechste Moment (post-experimentelles Schreiben).
Seit den 1990er Jahren: Etablierung (Buchreihen, Zeitschriften, Sektionen in Fachgesellschaften).	2000 bis 2004: der siebte Moment (Etablierung über erfolgreiche Zeitschriften).
	Ab 2005: der achte Moment (die Zukunft und neue Infragestellungen).

Österreich

Die Entwicklung der Phasen von empirischen Untersuchungen sind denen von Deutschland sehr ähnlich (Bogner et al. 2014; Froschauer und Lueger 2003; Girtler 2001; Ziegler und Kannonier-Finster 1998).

Die eminente Bedeutung von ExpertInneninterviews für die Forschungspraxis ist unumstritten. Sie gehören in vielen sozialwissenschaftlichen Disziplinen zur alltäglichen Forschungspraxis, sei es als eigenständige Erhebungsmethode, sei es als exploratives oder ergänzendes Instrument im Kontext quantitativer oder qualitativer Forschungsdesigns (Bogner, Littig und Menz 2014).

Zu interpretieren gehört in der qualitativen Sozialforschung seit Jahrzehnten zum Alltag der Forschung (Reichertz 2016).

Durch das Studieren der zur Verfügung stehenden Literatur und das Verstehen von praxibezogenen Vorgängen im Feld wird eine Qualifikation errungen, welche befähigt, sinnvolle, adäquate und qualitative Frangenstellungen abzuleiten. Einige der wesentlichsten Forschungsziele qualitativer Sozialforschung sind demnach (Berger-Grabner 2013: 128):

- die Beschreibung und das Verstehen empirischer Sachverhalte und sozialer Prozesse.
- die Gewinnung und Überprüfung von Hypothesen aus empirischem Datenmaterial.
- die Aufstellung von Typologien oder Klassifikationen.

Im Unterschied zu quantitativer Forschung fließen bei qualitativen Methoden subjektive Wahrnehmungs- und Bewertungsprozesse in die Analyse mit ein, da diese vom Vorverständnis des Forschers geprägt sind. Dieses Vorverständnis muss daher immer offengelegt und schrittweise am Gegenstand weiterentwickelt werden. Der gesamte Forschungsprozess ist zirkulär organisiert – das heißt, er besteht aus Forschungszyklen –, und nicht linear wie bei quantitativen Untersuchungen. Qualitatives Forschen ist somit der Versuch, herauszufinden, wie Menschen einen Sachverhalt sehen, verstehen, argumentieren, und welche individuelle Bedeutung er für sie hat (Berger-Grabner 2013: 128 f.).

Die Offenheit der qualitativen Methoden bringt mit sich, dass eine Standardisierung nicht möglich, aber auch nicht erwünscht ist, da die Strukturierung vom Beforschten und an der jeweiligen Forschungssituation erfolgen soll.

Qualitatives Datenmaterial wird oft durch die Analyse von bereits vorhandenen Texten (Textanalyse) oder von Texten (Transkription), die durch Interviews generiert wurden, entnommen bzw. gewonnen. In diesem Zusammenhang wird von gesprächsanalytischen Verfahren gesprochen (Berger-Grabner 2013: 132).

Räumlich gesehen, kann grundsätzlich jeder beliebige Ort für ein Interview gewählt werden. Eine weitere Möglichkeit ist das telefonische Interview. Nicht immer sind alle eingeladenen Interviewpartner vor Ort greifbar. Wichtig ist nur, dass eine gute Verbindung bzw. eine gute Akustik vorzufinden ist. Manchmal macht es durchaus Sinn, die Interviews am Wohn- oder Arbeitsort der Probandin oder des Probanden durchzuführen, da eine vertraute Atmosphäre in der Regel zu mehr Offenheit führen kann. Bei der Zeitdauer ist zu beachten, dass ein Interview nicht länger als eine Stunde dauern sollte, da es mühsam ist, ein langes Interview aufzuarbeiten. Man sollte bedenken, dass alles Gesprochene anschließend transkribiert werden muss und dies durchschnittlich zehnmal mehr Zeit in Anspruch nimmt als das Interview an sich. Ein weiterer wesentlicher Aspekt ist die Konzentration, die nach einer Stunde nachlässt und zu Ergebnisverzerrungen führen kann. Die Befragten müssen thematisch schon im Vorfeld erfahren, um welchen Untersuchungsgegenstand es sich handeln wird. Um die Aussagen des Probanden nicht zu beeinflussen, sollte jedoch tatsächlich nur das Thema des Interviews mitgeteilt werden, aber nicht die einzelnen Fragen. Die Aufgabe im Interview selbst ist, möglichst viel und auch Persönliches vom Interviewpartner zu erfahren. Darum ist es wichtig, ein gutes Vertrauensverhältnis herzustellen und den Befragten nicht zu beeinflussen, sondern ihn das Gespräch im möglichen Rahmen selbst strukturieren zu lassen. Individuelle Meinungen, Gefühle, Eindrücke usw. sollen gewonnen werden. Um Verzerrungen zu vermeiden, soll der Forscher nur dann Eingriffe vornehmen, wenn das Interview in eine ungewollte Richtung geht, die für das Forschungsvorhaben nicht mehr hilfreich oder zielführend wäre (Berger-Grabner 2013: 132 f.).

Bei der Durchführung von halbstrukturierten Leitfadeninterviews ist besonders zu beachten, dass trotzdem noch genügend Spielraum für spontane Äußerungen vorhanden ist. Der Vorteil dieser Methode liegt klar darin, dass sich der Forscher an die konkreten Fragen halten kann. Die Reihenfolge sollte jedoch nicht zwingend einzuhalten sein. Der Leitfaden dient als Gerüst, das heißt, er belässt dem Interviewer weitgehend Entscheidungsfreiheit darüber, welche Frage wann und in welcher Form gestellt wird (Gläser und Laudel 2010: 142).

Ganz bewusst werden keine psychologischen Fragen gestellt und der Fokus liegt beim Zugang zum Feld und der Generierung von Wissen durch die Expertinnen und Experten (Meuser und Nagel 1991: 70 ff.).

Zunächst sollte aber eine berufsbiografische Einstiegsfrage behandelt werden. Danach sollten maximal zehn offene Fragen zu maximal drei gewählten Hauptthemen erfolgen. Zu jeder Frage ist ein spezifisches und punktuell konkretes Nachfragen erlaubt. Die offenen Fragen sind insofern wichtig, um dem Experten eine Chance zu geben, seine Sicht darzustellen. Die wichtigsten Fragen sollten im zweiten Drittel des Interviews behandelt werden, obwohl es grundsätzlich keine bestimmte Reihenfolge zur Beantwortung geben soll. Zu Beginn des Interviews bzw. schon bei der Vereinbarung zum Termin, jedenfalls spätestens am Ende des Interviews müssen die soziodemografischen Daten des Probanden erhoben und festgehalten werden (Berger-Grabner 2013: 141 f.).

Entspricht es den Wünschen der Interviewpartner, aus Datenschutzgründen keine Namen und Institutsbezeichnungen aufzuzeichen, ist dies zu akzeptieren. Die Würde, das Recht und das Wohlergehen der Personen werden in diesem Kontext häufig mit der Abwägung von Risiken – durch Aussagen beim Interview – und dem Gewinnen von neuen Erkenntnissen verknüpft.

Dies begründet einen definitiven Konflikt (Flick 2007: 61 ff.).

In Anlehnung an Kaiser (2014) und Bogner et al. (2014) werden folgende Utensilien zu den Interviews vorbereitet: Die qualitativen Interviews werden durch die interviewende Person mittels Iphone7 Tonaufgezeichnet. Des Weiteren werden Schreibblock, Kugelschreiber, Lineal und Leitfaden vorbereitet. Die Übergabe der Visitenkarte, die nochmalige kurze Begründung des Interviews und ein kleines „süßes Dankeschön" zum Verspeisen gehören zum guten Ton. Business-Kleidung für Vor-Ort-Interviews gilt als selbstverständlich.

Damit das Interview auch tatsächlich explizit auf das Expertenwissen beschränkt wird, werden hinsichtlich Leitfaden und Fragestellung folgende Aspekte beachtet:

- Keine missverständlichen und nur eindeutige Fragen verwenden.
- Keine Mehrfachfragen oder Fragealternativen.
- Eine bewusst einfache Sprache verwenden, einfache Wortwahl, Alltagssprache, keine Fachsprache.
- Wortwahl dem Sprachschatz und der Redeweise des Probanden anpassen.
- Keine geschlossenen, nur offene Fragen verwenden.
- Absolut keine wertenden Fragen.
- Keine direkten und suggestiven Fragen und empathischen Kommentare.
- Keine Deutungsangebote unterbreiten.

- Tabuthemen nicht, ggf. sehr vorsichtig und eher am Ende des Interviews behandeln.

Es gilt nicht zu vergessen, den Leitfaden vor dem Interview zu testen (sog. Pretest). Während des gesamten Interviews muss dem Interviewten eine gebürende Wertschätzung entgegengebracht werden. Paraphrasierte Texte anhand einer qualitativen Inhaltsanalyse und die daraus abgeleiteten Interpretationen sollten empfehlenswerterweise nochmals mit dem Probanden durchgegangen werden, um sie zu verifizieren und die Ergebnisse nicht irrtümlich zu verfälschen (Berger-Grabner 2013: 140 ff.; Kruse 2014: 220 ff.).

Transkriptionen von Interviews werden paraphrasiert dargelegt. Die Anwendung dieser Protokolliertechnik birgt den Vorteil, auf der einen Seite die Fülle an Datenmaterial stark zu verringern und dadurch auf der anderen Seite einen schlankeren Korpus zu erzielen. Floskeln, Sprechpausen oder sonstige den Inhalt nicht verändernde Aussagen können ausgegrenzt werden. Der Fokus liegt ausschließlich auf inhaltlich wesentlichen Informationen. Durch das Anwenden dieser effizienten Vorgangsweise wird eine fundierte Grundlage zur wissenschaftlichen Beantwortung der Forschungsfragen geschaffen (Mayring 2010: 70 ff.).

Transkriptionsprotokolle werden strukturiert und mit Zeilen- und Fragennummerierungen versehen (Flick 2007: 370 ff.).

3.1 Expertinnen- und Experteninterviews: die Teilnehmenden

Hinsichtlich der Frage, wer Expertentum besitzt und zu den Experteninterviews eingeladen wird, gibt es bei den Autoren der Sozialwissenschaft konträre Auffassungen. Die Diskussion darüber wird auf verschiedenen Ebenen geführt. In der gesellschafts- und modernisierungstheoretischen Diskussion wird die Expertokratisierung der Gesellschaft, die so genannte Expertenherrschaft über das Gemeinwesen mit der Folge der Entmündigung durch diese Experten und Eliten quasi angemahnt.

Schütz – Auflage aus dem Jahr 1993 – unterscheidet in der wissenssoziologischen Diskussion den Experten von dem Mann auf der Straße und dem gut informierten Bürger. Expertenwissen ist nach Schütz vom Experten klar und deutlich in seinem Fachbereich auch tatsächlich abrufbar. Seine Sichtweisen und Perspektiven basieren auf sicheren Behauptungen.

Sprondel sieht den Experten und seine Expertise massiv an eine berufliche Rolle bzw. Kompetenz gebunden, denn nicht jedes Alltagswissen eines Laien ist bereits ein Sonderwissen, ergo Expertenwissen (Sprondel 1979: 140 ff.).

Hitzler sieht Expertenwissen auf der einen Hand nicht nur an eine berufliche Rolle gebunden, sondern auch an Handlungsautonomie auf der anderen Hand. Spezialisten etwa sind nach Hitzler Subjekte, die z. B. technische Probleme lösen. Experten besitzen im Gegenzug dazu mannigfaltige Kompetenzen, umfassende, privilegierte und weitreichende Kenntnisse über das komplette System und unterliegen – wenn überhaupt – nur geringer Kontrolle (Hitzler und Honer 1997).

Meuser und Nagel legen sich insofern fest, als dass sie die Entwicklung des Expertenbegriffs entlang der Berufsrolle empfehlen (Meuser und Nagel 1991: 256 ff.).

Methodologisch wird die kontroverse Diskussion über Experten im Fokus des jeweiligen Forschungsinteresses und Untersuchungsgegenstandes geführt. Experten handeln in den Interviews als privilegierte Personen der Funktionselite oder fungieren als Personen mit einem besonderen Wissensvorsprung über soziale bzw. fachinhaltliche Sachverhalte. Hier wird das Expertenwissen jedoch auch explizit außerhalb eines beruflichen Kontexts gesehen und schließt z. B. in die Interviewgruppe auch ehrenamtlich Tätige in der Sozialarbeit, Aktivisten aus Hilfsorganisationen oder Bürgerinitiativen ein. Auch sie besitzen einen privilegierten Zugang zu institutionalisiertem Wissen. Grundsätzlich ist es aber wichtig, einen Pretest – vor den Interviews – durchzuführen. Der Pretest stellt klar, wer in der Lage ist, die offenen Forschungsfragen exklusiv zu beantworten (Meuser und Nagel 1991: 262 ff.).

Der Experte ist als Funktionsträger von Interesse und nicht als Privatperson mit seiner biografischen Geschichte. Experten sind Repräsentanten von implizitem Wissen, typischen Problemtheorien, Lösungswegen und Entscheidungsmodellen. Dabei agieren sie nicht als Gutachter von außen, sondern sind selbst Teil des Handlungsfeldes und verfügen über privilegierte Zugänge zu Informationen. Ihr Wissen, das sie meist in einem institutionellen Kontext erwerben und sich aneignen konnten, wird im Experteninterview für eine bestimmte Problemperspektive eingesetzt. Die Wissensbestände der Experten lassen sich in Betriebswissen und Kontextwissen zergliedern. Beide beinhalten Aussagen über die Diagnose und Prognose eines Forschungsgegenstandes oder Sachverhalts. Dieses Wissen ist nicht immer bei Experten in der obersten Funktionsebene einer Organisation zu finden, sondern meistens auf der zweiten und dritten Ebene. Hier ist das Wissen detailliert über Strukturen und Ereignisse vorhanden und Entscheidungen werden strukturiert erarbeitet und in weiterer Folge dementsprechend durchgesetzt (Meuser und Nagel 1991: 70 ff.).

Als soziale Rolle etabliert sich der Experte erst im 19. Jahrhundert, im Zuge der Ausdifferenzierung der Gesellschaft (Stehr und Grundmann 2010).

Im Regelfall gelten Experten als Personen, die in herausgehobenen sozialen Positionen und in solchen Kontexten handeln, die sie als Experten kenntlich machen; sie sitzen beispielsweise in einer Expertenkommission, einem Beratungsgremium, haben einen Professorentitel oder Ähnliches mehr. Kurz gesagt: Experten sind Angehörige der „Funktionselite" (Meuser und Nagel 1991: 179 ff.).

Im Begriff des Experten steckt die lateinische Sprachwurzel „expertus: erprobt, bewährt". Dieses „expertus" leitet sich von einem Verb her, das es nur in der Passivform gibt, nämlich „experiri: prüfen, ausprobieren" (Bogner, Littig und Menz 2014).

Anders ist dies beim Begriff der Elite. Trotz aller Konvergenzen zwischen der Elite und dem Expertentum: Der Begriff der Elite stellt eine geeignete Kontrastfolie dar, um die Besonderheiten des Experten zu veranschaulichen. Zumindest, sofern man den Einsichten der kritischen Eliteforschung folgt (Hartmann 2004).

Zusammenfassend – darf an der Stelle angemerkt werden – interviewen wir Experten nicht allein deshalb, weil sie über ein bestimmtes Wissen verfügen. Von Interesse ist dieses Wissen vielmehr, sofern es in besonderem Ausmaß praxiswirksam, somit operativ angewandt wird. Experten werden befragt und interviewt, weil ihre Handlungsorientierungen, ihr Wissen und ihre Einschätzungen die Handlungsbedingungen anderer Akteure in entscheidender Weise strukturieren. Das Expertenwissen – mit anderen Worten – erhält seine Bedeutung über die soziale Wirkmächtigkeit (Bogner, Littig und Menz 2014).

Im Anschluss findet sich tabellarisch dargeboten eine Auflistung sämtlicher – durch den Autor der vorliegenden Arbeit – interviewten Experten, die den zuvor genannten Anforderungen entsprechen und nach den zugrunde liegenden Kriterien selektiert wurden.

Tab. 4: **Informationen zu den Interviewpartnern**
Quelle: eigene Darstellung

Bez.	Geschl.	Alter	Akad. Grad	Unternehmen	Funktion	Tätigkeit Bereich	pers./tel.	Dauer
A:	weiblich	45	Mag.	Bank	Expertin	Zahlungsverkehr	p.	42 min.
B:	weiblich	42	Mag.	Bank	Expertin	Zahlungsverkehr	p.	38 min.
C:	weiblich	49	M.A.	Bank	Expertin	Zahlungsverkehr	p.	34 min.
D:	weiblich	54	Mag.	Bank	Leiterin	Zahlungsverkehr	t.	30 min.
E:	männlich	42	Mag.	Bank	Experte	Zahlungsverkehr	t.	28 min.
F:	männlich	35	M.A.	Bank	Experte	Zahlungsverkehr	t.	37 min.
G:	männlich	43	MBA	Bank	Leiter	Zahlungsverkehr	p.	46 min.
H:	männlich	59	-----	Bank	Leiter	Zahlungsverkehr	p.	30 min.
I:	männlich	40	MBA	Bank	Experte	Zahlungsverkehr	p.	35 min.
J:	männlich	45	Mag.	Bank	Leiter	Zahlungsverkehr	t.	40 min.

3.2 Interviewfragen

Im Interview an sich, bieten sich insbesondere offene Fragen in Explorationsphasen an. Qualitativ-teilstrukturierte Fragen – im Rahmen des Leitfadeninterviews – geben zwar keine Antwortmöglichkeiten vor, begrenzen aber die inhaltliche Tragweite. Insbesondere zu Beginn neuer Themenfelder kann der Interviewte – mit eigenen Worten und offen – in die Frage einsteigen.

Auf die Art und Struktur, Dos und Donts von Fragestilen wurde in diesem Kapitel unter Punkt 3 bereits konkret eingegangen. Unter Rücksichtnahme auf Kruse (2014) kann noch explizit ergänzt werden, wie Fragestellungen definitiv *nicht* zu sein haben:

- fragealternativ
- mehrfach
- uneindeutig
- streng geschlossen
- wertend
- suggerierend
- suggestiv fragend
- schwer verständlich
- lange erklärend
- überflüssig
- kompliziert in der Wortwahl
- direkt
- empathisch in den Kommentaren

Durch Berger-Grabner (2013: 135 f.) werden abschließend noch folgende Aspekte für die generelle Führung von qualitativen Experteninterviews aufgezeigt:

- Ein zu häufiges Nachfragen ist zu vermeiden, da die Strukturierungsleistung durch den Befragten erfolgen soll.
- Zustimmende Mimik und Gestik, wie z. B. mit dem Kopf nicken oder interessiertes Zuhören, sichern den Gesprächsverlauf.
- Aussagen des Gesprächspartners dürfen nicht bewertet oder kommentiert werden.

- Doppelt gestellte Fragen verunsichern den Gesprächspartner.
- Eine zu starke Fixierung auf den Gesprächsleitfaden und mangelnder Augenkontakt wirken unhöflich und unpersönlich.
- Der Gesprächspartner soll nicht unterbrochen werden, nur dann, wenn sich das Interview in eine nicht zielführende Themenrichtung bewegen würde.
- Indirekte oder direkte Beeinflussung durch Aussagen des Interviewers wie z. B. „das muss für Sie sehr eindringlich gewirkt haben" ist zu unterlassen.

Vor dem Hintergrund dieser zahlreichen zu beachtenden Aspekte, um die Digitalisierung und „Open Banking" wissend, vor allem jedoch den Fokus auf die Beantwortung der Forschungsfragen legend, konnten folgende fünf Fragen ausgearbeitet und erstellt werden:

1. Die Payment Services Directive II (PSD II) ist der nächste logische Folgeschritt der jeweils national in Gesetz umzusetzenden Richtlinien. Welche Konsequenz auf den grenzüberschreitenden Zahlungsverkehr leiten Sie direkt ab?
2. Welche Hilfe(n) wurde(n) für die korrekte inhaltliche Interpretation einzelner Textpassagen der PSD II herangezogen?
3. Inwieweit wurden die Vorgaben der PSD II im Bereich Zahlungsverkehr bezugnehmend auf Entgeltregelung, Wertstellung und Verfügbarkeit von Geldbeträgen operativ umgesetzt?
4. Welche Kontroversen hinsichtlich PSD II in Theorie versus Praxis sind zu beobachten?
5. Wie sieht die Zukunft des Zahlungsverkehrs – mit Fokus auf regulatorischen Schritten und „Open Banking" – aus?

Der nächste Abschnitt behandelt die analytische Herangehensweise an Textmaterial mit dem Ziel einer verifizierten und strukturierten Auswertung der Interview- und Forschungsfragen.

3.3 Analyse und Auswertung der Interview- und Forschungsfragen

Schrittweises Vorgehen nach Mayrings „Z-Regeln" im Rahmen der qualitativen Inhaltsanalyse ermöglichte eine methodische Zusammenfassung als alltagsweltliche Interpretationsform. Wissenschaftliche Methoden bedürfen intersubjektiv nachvollziehbarer Regeln. Dementsprechend wurden im Voraus – wie beschrieben – Art und Reihenfolge festgelegt:

- *Z1-Regel:* Paraphrasierung inhalttragender Textstellen.
- *Z2-Regel:* Bestimmung des Abstraktionsniveaus und Generalisierung der Paraphrasen.
- *Z3-Regel:* Reduktion durch Selektion, Streichung bedeutungsgleicher Paraphrasen.
- *Z4-Regel:* Reduktion durch Bündelung, Konzentration, Integration von Paraphrasen auf angestrebtem Abstraktionsniveau.

Die Vorgehensweise kann auch als ein stufenweises Transformieren des Datenmaterials auf weiterführende und verallgemeinernde Ebenen bezeichnet werden. Erst nach Überprüfung mit positivem Ergebnis, ob sich alle Paraphrasen der ersten Reduktion auch in der aktuell erhobenen wiederfinden, kann die Auswertung im Sinn einer Zusammenfassung als zufriedenstellend gelten (Mayring 2010: 69 ff.).

Im Rahmen des Verallgemeinerungsprozesses wurden induktiv aus den Paraphrasen direkte Kategorien – unter Anwendung des sogenannten Sättigungsprinzips – abgeleitet und definiert (bezogen auf Tab. 5 bedeutet das, dass Schritt II bis Schritt V bei großer Datenmenge zusammengeführt werden können). Das Prinzip der Sättigung erreicht ihr Ziel erst dann, wenn keine weitere Reduktion in einer genaueren Definition mündet (Mayring 2010: 83 ff.).

Visuell tabellarisch kann der Strukturablauf wie folgt veranschaulicht werden:

Tab. 5: Strukturablauf der qualitativen Inhaltsanalyse nach Mayring
Quelle: Mayring 2010

I. Schritt	Bestimmung der Analyseeinheiten
II. Schritt Z1-Regel	Paraphrasierung der inhaltstragenden Textstellen
III. Schritt Z2-Regel	Bestimmung des angestrebten Abstraktionsniveaus. Generalisierung der Paraphrasen unter diesem Abstraktionsniveaus
IV. Schritt Z3-Regel	1. Reduktion durch Selektion. Streichen bedeutungsgleicher Paraphrasen
V. Schritt Z4-Regel	2. Reduktion durch Bündelung, Konstruktion, Intergration von Paraphrasen auf dem angestrebten Abstraktionsniveau
VI. Schritt	Zusammenstellung der neuen Aussagen als Kategoriensystem
VII. Schritt	Rücküberprüfung des zusammenfassenden Kategoriensystems am Ausgangsmaterial

3.3.1 Bildung von Kategorien

Die umfangreiche Recherche von Literatur, die genau beleuchteten empirischen Beispiele, die Erkenntnisse aus den geführten Experteninterviews sowie die intensive und aufwandsstarke Inhaltsanalyse der PSD II legitimieren den Autor und Forscher, sämliche Kategorien – mit dem Ziel der Beantwortung der Forschungsfragen – konkret zu definieren:

Tab. 6: Definierte Kategorien
Quelle: eigene Darstellung

Nummer	Bezeichnung
1	PSD II ist sinvoll
2	PSD II ist inhaltlich adäquat
3	PSD II kam zu früh
4	PSD II zu allgemein gehalten: führt zu Willkürlichkeit
5	Zu viel Spielraum in der Umsetzung

Nummer	Bezeichnung
6	Zu viel Spielraum in der Auslegung
7	Wertstellung uneinheitlich
8	Entgeltregelungen uneinheitlich
9	Verfügbar-Stellung von Geldbeträgen uneinheitlich
10	Keine Konsequenz bei Nicht-Einhaltung
11	Keine Überprüfung
12	Schlichtungsstellen viel zu kompliziert
13	Verbraucher haben nur geringe Möglichkeiten zur Kontrolle
14	Entgangene Erträge werden durch nicht-regulierte Zahlungsverkehrs-Vorgänge kompensiert
15	Praxis zeigt: Entgeltregelung kann zurzeit nicht korrekt umgesetzt werden
16	Unterschiedliche Länder – unterschiedliche Währungen – unterschiedliche Gepflogenheiten
17	Unterschiedliche „Cut-off"-Zeiten
18	Unterschiedliche Tagesschluss-Zeiten
19	Kundinnen und Kunden wissen nicht, wann sie konträr zur PSD II behandelt werden
20	Extreme finanzielle Herausforderung für Banken
21	Banken werden zugunsten der Wettbewerbs-Ankurbelung „geopfert"
22	Für das Kundenklientel wird nichts kostengünstiger
23	Öffnung der Banken-Infrastruktur und Zugang zu Nutzerdaten ist kritisch zu diskutieren
24	Mögliche PSD-II-Auswirkungen bergen zahlreiche Risiken in sich und haben einen ungewissen Ausgang
25	Die nächsten zehn Jahre die Bankenlandschaft komplett neu ausrichten

3.3.2 Zuweisung der Kategorien

Im Hinblick darauf, dass die Beantwortung der Forschungsfragen im Vordergrund steht, werden diese – passend an der Stelle – nochmals dargelegt:

A.) Übergeordnete Primärfrage

- Wurde der Gesetzestext des ZaDiG II (nationale Umsetzung der PSD II in Österreich – Zahlungsdienstegesetz II) – hinsichtlich Wertstellung, Entgelten, Verfügbarmachung von Geldbeträgen und Spesenoptionen – von den zur Umsetzung betroffenen Institutionen einheitlich und korrekt verstanden?

Daraus schlussfolgernd:

- Wurden die zwingend norwendigen Änderungen und Adaptierungen einheitlich und korrekt umgesetzt?
- Kam es bei der Umsetzung des ZaDiG II zu Klumpenbildungen durch z. B. große regionale meinungsbildende Institutionen?
- Inwieweit wurden etwaige Änderungsvorgaben bewusst nicht umgesetzt – und welche Gründe kann es dafür geben?
- Gesetzlicher Spielraum: Welche Faktoren bestimmen institutionell die Stoßrichtung innerhalb des Spielraums?

B.) Fragen zur operativen Anwendung: Auslandsüberweisungen (non-SEPA)

- Inwiefern gibt es Erfahrungen, dass sich zwischengeschaltete Banken – gesetzeswidrig – Überweisungsbetrags-vermindernde Gebühren einbehalten?
- Gibt es im Tagesgeschäft den OUR-Auftrag (alle Gebühren zulasten Auftraggeber) – gesetzeskonform – nicht mehr?
- Wie wird die Schweiz unter der PSD II behandelt – und mit welchen (regulatorienkonformen) Begründungen?
- Was bedeutet die Gesetzespassage *„der Betrag muss sofort verfügbar gemacht werden"* einerseits für die Verbraucherin und den Verbrau-

cher, andererseits für die Banken oder die Finanzdienstleister im Detail?

Zuweisung der Kategorien – 1. Schritt:

Welche Kategorien können – anhand der Auswertung – welchen der fünf Primärfragen zugeordnet werden.

Tab. 7: **Zuweisung der Kategorien – 1. Schritt**
Quelle: eigene Darstellung

5 Primärfragen 25 Kategorien	1	2	3	4	5
1					x
2					x
3				x	
4	x	x	x	x	x
5	x	x		x	x
6	x	x		x	x
7		x		x	x
8		x		x	x
9		x		x	x
10	x	x		x	x
11	x	x		x	x
12	x	x		x	x
13	x	x		x	x
14				x	x
15		x	x	x	x
16		x	x	x	x
17		x	x	x	x
18		x	x	x	x
19		x		x	x
20			x	x	x

Analyse und Auswertung der Interview- und Forschungsfragen

5 Primärfragen 25 Kategorien	1	2	3	4	5
21			x	x	x
22			x	x	x
23			x	x	x
24			x	x	x
25			x	x	x

Zuweisung der Kategorien – 2. Schritt:

Welche Kategorien wurden – anhand der Auswertung – bei den Interviews im Bezug auf die fünf Primärfragen wie oft angesprochen?

Tab. 8: Zuweisung der Kategorien – 2. Schritt
Quelle: eigene Darstellung

Kategorie (wie oft einer primären Forschungsfrage zuweisbar)	Interview 1 – 10
1 (1)	1, 2, 3, 4, 5, 6, 7, 8, 9, 10
2 (1)	1, 4, 6, 7, 8
3 (1)	6, 7
4 (5)	1, 3, 4, 5, 7, 8, 9, 10
5 (4)	1, 3, 4, 5, 7, 8, 9, 10
6 (4)	1, 3, 4, 5, 7, 8, 9, 10
7 (3)	1, 3, 4, 5, 7, 8, 9, 10
8 (3)	1, 3, 4, 5, 7, 8, 9, 10
9 (3)	1, 3, 4, 5, 7, 8, 9, 10
10 (4)	1, 2, 3, 4, 5, 6, 7, 8, 9, 10
11 (4)	1, 2, 3, 4, 5, 6, 7, 8, 9, 10
12 (4)	4, 5, 10
13 (4)	1, 2, 3, 4, 5, 6, 7, 8, 9, 10
14 (2)	1, 2, 3, 4, 5, 6, 7, 8, 9, 10

Kategorie (wie oft einer primären Forschungsfrage zuweisbar)	Interview 1 – 10
15 (4)	1, 2, 3, 4, 5, 6, 7, 8, 9, 10
16 (4)	1, 2, 3, 4, 5, 6, 7, 8, 9, 10
17 (4)	1, 2, 3, 4, 5, 6, 7, 8, 9, 10
18 (4)	1, 2, 3, 4, 5, 6, 7, 8, 9, 10
19 (3)	1, 2, 3, 4, 5, 6, 7, 8, 9, 10
20 (3)	1, 2, 3, 4, 5, 6, 7, 8, 9, 10
21 (3)	3, 7, 9, 10
22 (3)	1, 3, 4, 7, 8, 10
23 (3)	1, 2, 3, 4, 5, 6, 7, 8, 9, 10
24 (3)	1, 2, 3, 4, 5, 6, 7, 8, 9, 10
25 (3)	1, 2, 3, 4, 5, 6, 7, 8, 9, 10

3.3.3 Frequenzanalyse

In diesem Kapitel wird der 3. Schritt der Zuweisung der Kategorien im Rahmen einer Frequenzanalyse nach Mayring (2010) dargeboten.

Bei diesem auch Häufigkeitsanalyse genannten Erhebungsverfahren zählt der Forscher die Frequenz des Auftretens der von ihm entwickelten inhaltlichen Kategorien in seinem aufbereiteten Textmaterial. Bei den Analyseeinheiten wird zwischen Kodiereinheiten, den Kontext- und Auswertungseinheiten unterschieden. Bei den Kodiereinheiten handelt es sich um den kleinsten Textbestandteil, den der Forscher einer Kategorie zuordnen kann. Zumeist handelt es sich um Sätze, Paraphrasen oder Wörter (Mayring 2010).

Zuweisung der Kategorien – 3. Schritt:

Welche Kategorien wurden – anhand der Auswertung – in den Interviews wie oft verifiziert?

Tab. 9: Zuweisung der Kategorien – 3. Schritt (1)
Quelle: eigene Darstellung

Kategorie	x Mal in den Interviews verifiziert
1	10
2	5
3	2
4	8
5	8
6	8
7	8
8	8
9	8
10	10
11	10
12	3
13	10
14	10
15	10
16	10
17	10
18	10
19	10
20	10
21	4
22	6
23	10
24	10
25	10

Der Anzahl nach geordnet und visuell aufbereitet:

Tab. 10: Zuweisung der Kategorien – 3. Schritt (2))
Quelle: eigene Darstellung

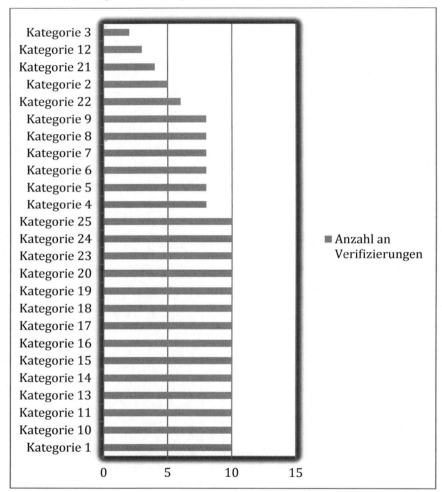

3.3.4 Überprüfung der Ergebnisse anhand Gütekriterien

Analysen wie die sorgsam durchgefühte Literaturrecherche, Inhaltsanalyse des PSD-II- Textes, qualitative Inhaltsanalyse nach Mayring oder die Durchführung der Frequenzanalyse haben nur einen Wert, wenn sie den Kriterien der Reliabilität und der Validität genügen. Zur Überprüfung der Reliabilität wurden die Analysen wiederholt, ergo wurde jeweils ein sogenannter „Retest" durchgeführt. Dabei kam es zu denselben Ergebnissen, was dementsprechend die Richtigkeit der Analysen besagt. Die Validität wurde anhand eingehender Theorien und anderer Ergebnisse bestätigt. Aussagen über Extreme konnten detailliert erörtert werden, auch wenn es in der qualitativen Forschung keinen explizit einzuhaltenden Regelkatalog gibt.

Darum existiert teilweise die Annahme, dass die Parameter zur Bestimmung, ob eine Forschung qualitativ hochwertig ist, einerseits nicht existent sind (Helfferich 2004), andererseits definiert Mayring sechs Prüfkriterien der qualitativen Sozialforschung (Mayring 2010).

Für alle Schritte der Datenerhebung und -auswertung in der quantitativen Sozialforschung gibt es – wie geschildert – Gütekriterien, die es zu beachten gilt, damit die Daten möglichst fehlerfrei erhoben und die erzielten Resultate angemessen interpretiert werden können. Dabei wird zwischen Gütekriterien für Messinstrumente (deren Zuverlässigkeit und Gültigkeit) und Gütekriterien für das gesamte Forschungsdesign (die Generalisierbarkeit und Eindeutigkeit der Ergebnisse) unterschieden. Qualitätskriterien empirischer (Sozial-) Forschung sind dem Prinzip der Wertfreiheit verpflichtet. Das Postulat der Wertfreiheit kann – bezogen auf die einzelnen Phasen des Forschungsprozesses – nur im sog. Begründungszusammenhang eingelöst werden, denn sowohl der Entstehungszusammenhang – weshalb entscheidet sich ein Forscher für eine bestimmte Thematik – wie auch der Verwertungszusammenhang – wie werden erzielte Ergebnisse interpretiert und wozu werden sie verwendet – unterliegen subjektiven Entscheidungen und enthalten somit implizit immer eine Wertung (Krebs und Menold, in: Baur und Blasius 2014: 425).

Die Frage, wie sich die Qualität qualitativer Sozialforschung bestimmen lässt, ist seit der Wiederentdeckung der qualitativen Forschung in den 1960er-Jahren virulent. Das liegt auch daran, dass es keine einheitliche Diskussion über einen allgemein akzeptierten Kriteriensatz gibt.

Vielmehr wird die Diskussion in unterschiedlichen Bereichen einerseits und unterschiedlich für verschiedene Forschungsansätze in der qualitativen Forschung andererseits geführt (Flick in: Baur und Blasius 2014: 411).

Sechs allgemeine Gütekriterien qualitativer Forschung nach Mayring:

Als erstes Kriterium wird die *Verfahrensdokumentation* genannt, ohne welche jegliches qualitative Forschungsergebnis wertlos wäre. Da in der qualitativ orientierten Forschung das Vorgehen viel spezifischer auf den jeweiligen Gegenstand bezogen ist als in der quantitativ orientierten Forschung und Methoden meist speziell für diesen Gegenstand entwickelt wurden, muss der Forschungsprozess bis ins Detail dokumentiert werden. Um die Nachvollziehbarkeit zu sichern, müssen Vorverständnis, Methoden, Durchführung und Auswertung hinreichend expliziert werden.

Argumentative Interpretationsabsicherung als zweites Kriterium: Bezieht sich auf die entscheidende Rolle von Interpretationen in qualitativ orientierten Ansätzen. Als Regel stellt Mayring auf, dass Interpretationen nicht gesetzt, sondern argumentativ begründet werden müssen. Die Interpretationsabsicherung wird für den gesamten Forschungsprozess von Vorverständnis bis Auswertung gefordert. Interpretationen sollten schlüssig sein und Brüche – wenn vorhanden – müssen im Detail erklärbar sein. Von besonderer Bedeutung ist die Suche nach sog. Alternativdeutungen. Trotz der Offenheit qualitativer Forschung gegenüber dem Gegenstand, die auch bedeutet, vorgeplante Analyseschritte zu modifizieren, müssen Forscherinnen und Forscher regelgeleitet vorgehen.

Regelgeleitetheit als drittes Kriterium setzt die Entwicklung von qualitativen Erhebungs- und Auswertungsverfahren voraus, die den Analyseprozess mit Hilfe von Ablaufmodellen beschreiben, wie z. B. die Grounded Theory (Strauss 1991) und die objektive Hermeneutik (Oevermann 1979). Regelgeleitetheit bedeutet nicht, dass Regeln zwingend befolgt werden müssen, denn die Forderung nach der Gegenstandsangemessenheit hat definitiv Vorrang.

Der *Nähe zum Gegenstand*, bzw. auch Gegenstandsangemessenheit genannt, als viertem Kriterium kommt die zentrale Stellung im Konvolut der Bewertungskriterien von Mayring zu. Dies wird in der qualitativen Forschung vor allem durch die Nähe zur Alltagswelt der beforschten Subjekte erreicht. Den zentralen Punkt dieses Kriteriums sieht Mayring in der Erreichung einer Interessenübereinstimmung mit den Beforschten. Er betont den Willen der qualitativen Forschung, an konkreten sozialen Problemen anzusetzen und dabei ein offenes, gleichberechtigtes Verhältnis zu ihnen herzustellen. Die Gültigkeit der Ergebnisse und der Interpretationen sollte ebenfalls kommunikativ validiert werden.

Das fünfte Kriterium – *die kommunikative Validierung* – geschieht über die Diskussion der Ergebnisse und Interpretationen mit den Beforschten. Finden sich die Betroffenen in den Analyseergebnissen wieder, so wird dies als wichtiges Argument zur Absicherung der Ergebnisse gesehen. Natürlich kann dies nicht das einzige Kriterium sein, sonst bliebe die Analyse bei den subjektiven Bedeutungen der Betroffenen stehen. Die objektive Hermeneutik beispielsweise möchte gerade darüber hinausgehen und objektive, dem Beforschten nicht notwendigerweise bewusste Regeln aufzeigen. Trotz dieser Einschränkungen ist grundsätzlich festzuhalten, dass in der qualitativen Forschung dem Beforschten mehr Kompetenz zugebilligt wird als üblich.

Als sechstes Kriterium nennt Mayring die *Triangulation*. Die Qualität der Forschung wird durch mehrere Analysevorgänge – Heranziehung verschiedener Datenquellen, unterschiedlicher Interpreten, Theorieansätze oder Methoden – vergrößert bzw. intensiviert.

Tab. 11: **Überprüfung der Forschungsqualität anhand der Gütekriterien nach Mayring**
Quelle: Mayring 2010

1:	Verfahrens-dokumentation	Der Forschungsprozess ist nachvollziehbar.	JA
		Der Forschungsprozess ist in sich schlüssig.	JA
		Die Datenerhebungsart wurde begründet. Nicht gewählte Arten wurden erklärt und gewürdigt.	JA
		Die gewählte Forschungsmethodik wurde begründet. Nicht gewählte Methoden wurden erklärt und gewürdigt.	JA
		Die Forschungsergebnisse wurden transparent und verständlich dargeboten.	JA

2:	**Argumentative Interpretationsabsicherung**	Argumentative Begründung von Interpretation ist nachvollziehbar.	JA
		Theoriegeleitete Deutung.	JA
		Priorisierende Bedeutung von Interpretation vollinhaltlich verstanden und dementsprechend vorgegangen.	JA
3:	**Regelgeleitetheit**	Der sogenannte „rote Faden" hinsichtlich Systematik ist vorhanden und sich durchziehend.	JA
		Willkürlichkeit kann ausgeschlossen werden.	JA
		Unsystematik kann ausgeschlossen werden.	JA
4:	**Nähe zum Gegenstand**	Vorwissen wurde angeeignet.	JA
		Aktives Bewegen und Zugang zum Feld.	JA
		Der Arbeitsalltag bzw. Arbeitsprozesse der Befragten wurden verstanden.	JA
		Aktive Zusammenarbeit und gemeinsames Arbeiten zwischen Forscher und Beforschten.	JA
5:	**Kommunikative Validierung**	Forscher und Beforschte arbeiteten auf einer Ebene im Feld.	JA
		Rückkoppelung durch Forschungssubjekte.	JA
		Eingliederung der Forschungssubjekte durch dialoggebundene Validierung.	JA
6:	**Triangulation**	Parallelen wurden eindeutig identifiziert.	JA
		Ergebnisse wurden verglichen.	
		Anwendung verschiedener Forschungsmethoden und -stile.	JA
		Durchführung differierender Analysemethoden.	JA
		Ergebnisse wurden abgeglichen.	JA
		Interessierter und offener Zugang bezüglich der Methodologie hinsichtlich qualitativer und quantitativer Forschungsstile.	JA

3.4 Interpretation der Ergebnisse

Durch eine Zusammenfassung der interpretierten Ergebnisse kann einerseits komprimiert und andererseits auch pointiert auf das inhaltlich Wesentliche eingegangen werden (Kuckartz 2012: 109 ff.).

Vor der textalischen Zusammenfassung werden tabellarisch – zur besseren Veranschaulichung der korrekten Ableitung der gebildeten Kategorien (Kapitel 3.3.1 – 3.3.2) und daraus resultierend die konkrete Beantwortung der Forschungsfragen durch die Expertinnen- und Experteninterviews – zwei Endauswertungen der Kategorienzuweisung und Beantwortung der Forschungsfragen präsentiert.

Tab. 12: **Visuelle Darstellung: Kategorienzuweisung Forschungsfragen**
Quelle: eigene Darstellung

Frage	Kategorien
1	1, 2, 3, 4, 5, 6, 7, 8, 9, 10, 11, 12, 13, 14, 15, 16, 17, 18, 19, 20, 21, 22, 23, 24, 25
2	1, 4, 5, 6, 10, 11, 12, 13
3	1, 4, 5, 6, 7, 8, 9, 15, 16, 22
4	4, 5, 6, 7, 8, 9, 10, 11, 12, 13, 14, 15, 16, 17, 18, 19, 20
5	1, 2, 20, 21, 22, 23, 24, 25

Tab. 13: **Visuelle Darstellung: Welches Interview beantwortet welche Forschungsfrage?**
Quelle: eigene Darstellung

Interview	Primäre Forschungsfragenfragen 1 – 5				
1	x	x	x	x	x
2	x	x	----------	x	x
3	x	x	x	x	x
4	x	x	x	x	x
5	x	x	x	x	x
6	x	----------	----------	----------	x
7	x	x	x	x	x
8	x	x	x	x	x

Interview	Primäre Forschungsfragenfragen 1 – 5				
9	x	x	x	x	x
10	x	x	x	x	x

Die der vorliegenden Arbeit zugrunde liegende Problemstellung wurde im ersten Kapitel kompetent unterlegt. Sie wurde klar, deutlich und schlüssig dargeboten. Die vordergründige Darstellung der Ausgangssituation wurde anhand einschlägig fundierter Literatur und empirischen Beispielen korrekt bewerkstelligt. Durch eine logisch untermauerte Ableitung der Forschungsfragen konnten in weiterer Folge die Ziele der Arbeit konsistent erläutert werden.

Die Vorgangsweise zur Beantwortung der Forschungsfragen mittels konzeptieller und strukturierter Forschungsweise aus dem Bereich der qualitativen Sozialforschung ergab verständliche, sachliche und folgerichtige Ergebnisse. Die Forschungsmethode wurde beschrieben, ist zum Forschungsgegenstand passend und konnte faktisch nachvollziehbar begründet werden. Die Aufarbeitung der hochwertigen Literatur und Quellen mündete in gute Verknüpfungen bzw. Zusammenführungen ausgewählter Theorien. Es besteht ein expliziter Bezug zu den Forschungsfragen und die Empirie ist deutlich erkennbar.

Die Problemergründung und Aufarbeitung wurde folgerichtig und sachlich verständlich durchgeführt. Im Zuge dessen konnten komplexe Sachverhalte anhand einer Top-down-Methode aufgegliedert und transparent behandelt werden.

Die Anwendung triangularer Methodologie schaffte einführend eine breite, im Detail eine tiefe, qualitativ hochwertige Aufarbeitungsqualität. Dies führte zu nachvollziehbaren Analysen und klaren Ergebnissen, die die Forschungsfragen korrekt und aufschlussreich beantworten. Beweise und Belege stützten die Argumentation der wissenschaftlichen Herangehensweisen. Dem Forscher war es wichtig, durch die Herleitung eigener Bewertungen und gedanklicher Tiefe eine angemessene Originalität erkennen zu lassen.

Hypothesenbildende Hauptaussagen

Eine Ergebnis-Empirie-Theorieverschränkung ist deutlich erkennbar. Dementsprechend decken sich Kerninhalte aus der Literaturrecherche, aus den Analysen und Experteninterviews.

Eine einheitliche Auffassung der textalischen Inhalte der PSD II unter Banken – und auch Bankjuristen – wurde falsifiziert. Permanente Querverweise und Ausnahmen erschweren die inhaltliche Verständlichkeit massiv.

Regional kam es – logischer- und verständlicherweise – zu sogenannten Klumpenbildungen. Gegenseitiger Auffassungsaustausch förderte einerseits die nationale Umsetzung der PSD II, andererseits ist zu bemängeln, dass es offensichtlich Meinungsbildner gibt, an denen sich die Mehrheit der (kleineren) Banken ausrichtet.

Entgeltregelungen werden bewusst nicht gesetzeskonform angewendet, da es operativ nicht möglich ist. Unterschiedliche EU-Währungen, differierende nationale Zahlungsverkehrs-Gebühren und Entgelte für Überweisungen stellen die größten Herausforderungen dar. Der Markt verlangt – weil aus derzeitiger Sicht (noch) zwingend notwendig – Zahlungsformate, welche nicht als PSD-II-konform gelten und Zahlungsdienstleister bieten diese naturgemäß auch an.

Ein wesentlicher Hauptpunkt ist der gegebene Spielraum bei Valutierung und Wertstellung. Die Ergebnisse der Interviews decken sich mit der Theorie zur Gänze. Auch hier ist unter den Banken eine regionale Vereinheitlichung als gegeben verifiziert. Sozusagen richtet sich Bank „A" nach Bank „B" usw. Die Kombination aus den Spielräumen bei der operativen Umsetzung der PSD II lässt große Differenzen in Überweisungsdauer und Gebühren zu.

Es wurde klargestellt, dass für den Zahlungsdienstenutzer eine gewollte weitere Europa-Vereinheitlichung nicht zwingend zu Preissenkungen für Überweisungen führen muss. Nicht vollautomatisch durchführbare Überweisungen wurden empfindlich teurer. Manuelle Eingriffe in den Überweisungsprozess sind massiv kostenintensiv für Kundinnen und Kunden.

Reklamationsentgelte werden von den Banken konsequent verrechnet und in den letzten zwei Jahren um teilweise bis zu zweihundert Prozent erhöht. Daraus konnte der Schluss gezogen werden, dass z. B. durch eine einzige fehlerhafte Überweisung von insgesamt zehn getätigten, die Summe der Gesamtgebühren – gegenüber zwei bis drei Jahren in der Vergangenheit – eklatant ansteigen kann.

Der Digitalisierungs- und Modernisierungsdruck macht den Banken schwer zu schaffen. Das Verfügbarmachen der Bankeninfrastruktur für FinTechs, ergo TPPs (Third Party Providers – Drittanbieter) finden verifiziert alle Expertinnen und Experten gleich ungerecht. Ebenso gilt die Zurverfügungstellung kundenbezogener und transaktionsbezogener Daten als sehr kritisch und demnach auch als kontrovers diskutiert.

Mögliche Chancen bergen noch unvorhersehbare Risiken in sich. Grundsätzlich bereitet sich die bestehende Bankenlandschaft primär in abwartender Position auf die neue Situation vor. Es wird an fortschrittlichen mobilen Zahlungsverkehrslösungen und innovativen E-Payment-Systemen gearbeitet, welche hinsichtlich der Zukunft sehr „Schnittstellen-affin" und kompatibel sind.

Theorie und Empirie sehen eine einheitliche europäische Regulierung des Zahlungsverkehrs als notwendig – und hinsichtlich wirtschaftlicher Wettbewerbsfähigkeit als zielführend – an. Die auftretenden Probleme werden einheitlich in der teilweise nicht machbaren operativen Umsetzbarkeit gesehen. Differierende europäische soziodemografische Gegebenheiten liegen der Problematik der Vereinheitlichung zugrunde. Beispielsweise unterschiedliche Gepflogenheiten in den Bevölkerungsschichten der EU-Staaten und damit einhergehend eine etwaige technische Affinität bzw. generell der technische Ist-Stand von Ländern.

Die allgemeine Stimmung – dies ging eindeutig aus den Interviews hervor – ist etwas nervös, abwartend und angespannt, in keiner Art und Weise jedoch negativ oder resignierend. Im Gegenteil, man ist bereit und grundsätzlich kooperativ – gegenüber neuen Marktteilnehmern – eingestellt.

Interpretation der Ergebnisse 117

Beantwortung der Forschungsfragen

A.) Übergeordnete Primärfragen

- Wurde der Gesetzestext des ZaDiG II – hinsichtlich Wertstellung, Entgelten, Verfügbarmachung von Geldbeträgen und Spesenoptionen – von den zur Umsetzung betroffenen Institutionen einheitlich und korrekt verstanden?

  Ergebnis: Nein, ein einheitliches Verständnis gibt es nicht. Ein einheitliches Auftreten kam durch gegenseitigen Wissensaustausch der Banken zustande.

- Wurden die zwingend notwendigen Änderungen und Adaptierungen einheitlich und korrekt umgesetzt?

  Ergebnis: Nein, Einheitlichkeit gibt es durch regionale Klumpenbildung in den operativen Umsetzungen. Korrekte Umsetzungen sind teilweise – im Speziellen bei Entgeltregelungen – in der Praxis (noch) nicht zu realisieren.

- Kam es bei der Umsetzung des ZaDiG II zu Klumpenbildungen durch z. B. große regionale meinungsbildende Institutionen?

  Ergebnis: Ja, definitiv verifiziert.

- Inwieweit wurden etwaige Änderungsvorgaben bewusst nicht umgesetzt – und welche Gründe kann es dafür geben?

  Ergebnis: Entgeltregelungen. Unterschiedliche Preise für Inlandsüberweisungen in Kombination mit Überweisungen in einer EWR-non-EUR-Währung. Theorie und Empirie belegen eindeutig, dass diese Faktoren die Hauptgründe für ein Nichteinhalten sind.

- Gesetzlicher Spielraum: Welche Faktoren bestimmen institutionell die Stoßrichtung innerhalb des Spielraums?

  Ergebnis: Hauptsächlich liegt es an den jeweils gegebenen technischen Möglichkeiten einer Bank wie beispielsweise:
  - Infrastruktur für Echtzeit-Überweisungen
  - Devisenkursbildung

- Konzerninternes bzw. extern aufgebautes Bankennetzwerk
- Zeitpunkt des Geschäftstages-Ende
- Cutt-off-Zeiten bei Non-EUR-Währungen

Die jeweiligen Möglichkeiten innerhalb der genannten Faktoren bestimmen die Ausrichtung im gebotenen Spielraum.

Hoher technischer und flexibler Level: Zahlreiche Währungen sind rasch und zeitlich flexibel überweisbar.

Niedriger technischer und unflexibler Level: Nur Hauptwährungen sind überweisbar. Überweisung dauert meist länger. Frühere Cutt-off-Zeiten.

B.) Fragen zur operativen Anwendung: Auslandsüberweisungen (non-SEPA)

- Inwiefern gibt es Erfahrungen, dass sich zwischengeschaltete Banken – gesetzeswidrig – Überweisungsbetrags-vermindernde Gebühren einbehalten?

  Ergebnis: Es konnte belegt werden, dass noch immer betragsmindernd Gebühren einbehalten werden.

- Gibt es im Tagesgeschäft den OUR-Auftrag (alle Gebühren zulasten Auftraggeber) – gesetzeskonform – nicht mehr?

  Ergebnis: Diese spezielle Form der Überweisung ist weiterhin usus und wird von Kundinnen und Kunden auch explizit gefordert.

- Wie wird die Schweiz unter der PSD II behandelt – und mit welchen (regulatorienkonformen) Begründungen?

  Ergebnis: Hier brachte die PSD II keine weitere Verbesserung bzw. Vereinheitlichung. Überweisungen in die Schweiz bzw. aus der Schweiz werden weiterhin differenziert behandelt. Die Gebühren liegen bei Überweisungsbeträgen von circa EUR 1.000,00 bei durchschnittlich EUR 0,00 bis 15,00.

- Was bedeutet die Gesetzespassage *„der Betrag muss sofort verfügbar gemacht werden"* einerseits für die Verbraucherin und den Verbraucher, andererseits für die Banken oder die Finanzdienstleister im Detail?

Ergebnis: Ein am Konto des Zahlungsdienstleisters des Begünstigten eingehender Geldbetrag hat – unter gewissen Voraussetzungen – dem Konto des Begünstigten unmittelbar zur Verfügung zu stehen. Dies setzt dementsprechend eine taggleiche Wertstellung voraus, sodass die Kundin oder der Kunde nicht Zugriff zur Disponierung auf einen Geldbetrag erhält, welcher valutarisch tatsächlich noch nicht verfügbar ist.

Die Ergebnisse kritisch bewertend ergibt sich die Erkenntnis, dass die Notwendigkeit einer einheitlichen Regulierung belegt ist. Der Dreh- und Angelpunkt ist die Überprüfung und ggf. adäquate Ahndung von Verstößen gegen das Gesetz (Kirchhof et al. 2016).

- *Spielräume in der operativen Umsetzung wurden gewährt, da nicht alle Bankinstitutionen denselben technischen Level aufweisen.*
- *Es kommt eine umbruchsreiche Zeit auf die Bankenlandschaft zu, dies ist faktisch verifiziert.* Eine klare Positionierung und Ausrichtung der Finanzinstitutionen bezüglich der offerierten Zahlungsverkehrsprodukte wird unumgänglich sein (Mülbert 2016).
- *Der klassische Zahlungsverkehr wird automatisiert und digitalisiert.* Dies bewerkstelligt der laufende Prozess der Standardisierung.
- *Der Weg zum Bankschalter wird vermehrt durch innovative E-Lösungen substituiert* (Rasche und Tiberius 2017).

Trotz einer spürbaren Unsicherheit überwiegt der Optimismus am Bankensektor. Der Großteil der bestehenden Marktteilnehmer sieht Chancen in der Zukunft. Bestehende Produkte könnten durch hochtechnologische, zusammenfassende und innovative Lösungen substituiert werden (Moormann et al. 2016).

Abschließend lässt sich anmerken, dass die belegten und signifikanten Ergebnisse einen Rückschluss auf die Verwendung korrekter und passender Untersuchungsmethoden einerseits, auf die wissenschaftliche und praktische Relevanz andererseits zulassen.

3.5 Ausblick

Vor dem Hintergrund dieser herausfordernden, aber auch Chancen-generierenden Zeit am Bankensektor ergeben sich zahlreiche weitere Untersuchungsgegenstände mit höchst wissenschaftlicher und praktischer Relevanz.

Die Untersuchung einer sich transformierenden bzw. neu ausrichtenden Finanzinstitution anhand einer Fallstudie stellt für den Autor der vorliegenden Arbeit ein besonderes Interesse dar.

Aus den klaren Ergebnissen lässt sich folgende Handlungsempfehlung ableiten: Die Hinterfragung des „Mission-Statement", ergo des strategisch-unternehmerischen Gesamtkonzepts, eine Neu-Beleuchtung der Werte, wofür eine Insitution steht und welchen Nutzen sie stiftet in Abgleich zur Digitalisierungswelle zu stellen, könnte eine hilfreiche Unterstützung darbieten, um die zukünftige Stoßrichtung besser einschätzen und bestimmen zu können.

Hinsichtlich zukünftiger weiterer Regulierungsschritte muss an der Stelle kommuniziert werden, dass die Europäische Kommission am 28. März 2018 dem Europäischen Parlament einen Gesetzesvorschlag zur Prüfung und ersten Lesung unterbreitete. Bei einem positiven Beschluss könnte eine nationale Umsetzung bereits in etwa drei Jahren, ergo 2020/2021 erfolgen. Inhaltlich beschreibt der Vorschlag das Problem, dass EU-Mitgliedsstaaten, die nicht der EU-Währungsunion angehören, nicht oder nur bedingt am günstigen Europäischen Zahlungsverkehr partizipieren können. Dementsprechend sollen z. B. ausgehende Überweisungen in Euro von einem EU-Währungskonto (beispielsweise einem HUF-Konto) – für Unternehmer und Verbraucher aus dem Land, welches zwar der EU angehört, jedoch nicht den Euro als Landeswährung führt (dem Beispiel zugrunde liegend wäre das demnach Ungarn), nur mehr gleich viel kosten wie eine jeweilige Inlandszahlung. Daraus lässt sich eine SEPA-Harmonisierung auf EU-Länder ohne Euro als Landeswährung – in Anlehnung an EUbusiness (2018) – wie folgt ableiten:

> *„What will change for fees charged for euro payments?*
> The first amendment related to fees for cross-border payments applies to cross-border transactions in euro sent or received within the EU. When payment service users (consumers or businesses) make cross-border transactions in euro (credit transfer, card payment, cash with-

drawal) these transactions should be charged the exact same price as an equivalent domestic ones in the official currency used in the Member State from where the transaction is sent or received (i.e. the euro for euro area Member States and respective national currencies for non-euro area Member States). This system is already in place in the euro area and the Commission proposes to extend its benefits to non-euro area countries as well [...]."

Ein weiteres Mal werden die Relevanz und die aktuelle Präsenz der Themenfelder des Europäischen Zahlungsverkehrs und dessen interessante, herausfordernde Zukunft belegt.

4 Fazit zur Arbeit

Als explizit wesentlich konnte eine grundlegend positive Einstellung der Akteure zur gegebenen Lage – anhand theoretischer und empirischer Untersuchungen – verifiziert werden.

Obwohl sich die traditionelle Bankenlandschaft – hinsichtlich der Marktöffnung für Drittanbieter von Finanzdienstleistungen – vorwiegend in eine Art von Abwarteposition begibt, werden im Hintergrund intensive Vorbereitungen getroffen, um sich für die „neue Zukunft" der Bankdienstleistungsbranche strategisch vorteilhaft zu platzieren.

Existenzielle Zukunftsängste entfallen sich im Alltag als hemmende, resignierende und handlungseinschränkende Attribute. Eine offene, in Maßen risikoaffine Haltung birgt klare Vorteile in sich.

Innovative FinTech-Unternehmen strahlen durchaus das Potenzial aus, sich bis hin zum „Life-Coach", ergo Tippgeber oder Lebensberater für diverse Richtungen, zu entwickeln. Der verantwortliche und streng regulierte Umgang mit Kundendaten und konsuminhaltlichen Informationen stellt eine zwingend notwendige Basis hierfür dar.

Die einheitlich etwas skeptische – aber durchaus interessierte, positive und gewillt motivierte – Einstellung der Interviewpartner spiegelt einerseits die enorme Erwartungshaltung gegenüber zukünftigen Marktchancen von FinTech-Akteuren wider, die Bereitschaft der bestehenden Bankenlandschaft zur Kooperation und Gewilltheit zur Modernisierung, andererseits.

Basisbildende Bankprodukte und Kleinkredite werden zukünftig – dem Trend entsprechend – voraussichtlich digital abgewickelt werden. Hierfür wird der traditionelle Bankschalter nicht mehr benötigt werden. Umfangreiche Finanzierungen bedürfen weiterhin einer persöhnlichen Beratung, wenn auch eventuell auf digitalen Plattformen. Hierzu nimmt die Affinität in der Bevölkerung rapide zu, vor allem bei höheren Altersschichten.

Interessiert blickt der Markt in die Zukunft, wenn es sich thematisch um „All-in-One-Apps" handelt (Applikationen von Finanztechnologie-Unternehmen, welche Daten und Informationen von Konten, Wertpapierdepots, Darlehen, Produkten der Veranlagung und Versicherungen, die beispielsweise auch weltweit und in zahlreicher Form auf unterschiedliche Anbieter von Finanzdienstleister verteilt sind, verarbeiten, aufbereiten, inhaltlich analysieren und der Kundin bzw. dem Kunden mit jeweilig abgestimmtem Nutzen für weitere Handlungen oder auch nur zu einer noch nie dagewesenen Übersichtsbildung zur Verfügung stellen).

Flexibilität, Offenheit und die Bereitschaft zur Veränderung, um die Lage der bestehenden traditionellen Bankinstitutionen aus Sicht einer Chance zu begegnen und zu diskutieren, werden einen der sogenannten Schlüssel zur strategisch attraktiven Positionierung am sich neu ausrichtenden Markt darstellen.

Literaturverzeichnis

Ambos, B. (2001). *Internationales Forschungs- und Entwicklungsmanagement.* Wiesbaden: Springer Fachmedien.

Arndt, M. (2012). *Das Interbankenverhältnis im Überweisungsrecht.* Göttingen: V&R Unipress.

Atteslander, P. (2008). *Methoden der empirischen Sozialforschung.* Berlin: Erich Schmidt Verlag.

Balzert, H., Kern, U., Schäfer, C., & Schröder, M. (2008). *Wissenschaftliches Arbeiten.* Herdecke: W3L Verlag GmbH.

Bamberger, H. G., Derleder, P., & Knops, K.-O. (2017). *Deutsches und europäisches Bank- und Kapitalmarktrecht .* Berlin Heidelberg: Springer-Verlag.

Barrie, M., Jhanji, K., & Sebag-Montefiore, M. (2016). in: Oliver Wyman: Zahlungsverkehr in Europa [online]. http://www.oliverwyman.de/content/dam/oliver-wyman/europe/germany/de/insights/publications/2016/dec/Oliver_Wyman_Zahlungsverkehr_in_Europa_08122016.pdf, 8 December 2016 [Zugriff am 07.04.2018]

Beckmann, M. (2006). *in Theorien der europäischen Integration.* Wiesbaden: VS Verlag für Sozialwissenschaft.

Beichelt, T. (2015). *Deutschland und Europa: Die Europäisierung des politischen Systems.* Wiesbaden: Springer Fachmedien.

Berger-Grabner, D. (2013). *Wissenschaftliches Arbeiten in den Wirtschafts- und Sozialwissenschaften.* Wiesbaden: Springer Verlag.

Bieling, H.-J. (2006). *in Theorien der europäischen Integration.* Wiesbaden: VS Verlag für Sozialwissenschaft.

Bieling, H.-J., & Lerch, M. (2006). *Theorien der europäischen Integration.* Wiesbaden: VS Verlag für Sozialwissenschaft.

Bodek, M. C., Gerdes, M., Siejka, M., & Smolinski, R. (2017). *Innovationen und Innovationsmanagement in der Finanzbranche.* Wiesbaden: Springer Fachmedien.

© Springer Fachmedien Wiesbaden GmbH, ein Teil von Springer Nature 2019
M. Bramberger, *Payment Services Directive II*, BestMasters,
https://doi.org/10.1007/978-3-658-24775-1

Bogner, A., Littig, B., & Menz, W. (2014). *Das Experteninterview.* Wiesbaden: Springer VS Verlag.

Böhnke, W., & Rolfes, B. (2018). *Neue Erlösquellen oder Konsolidierung? - Geschäftsmodelle der Banken und Sparkassen auf dem Prüfstand.* Wiesbaden: Springer Fachmedien.

Bohnsack, R. (2008). *Rekonstruktive Sozialforschung.* Opladen und Farmington Hills: Verlag Barbara Budrich.

Borchardt, K.-D. (2015). *Die rechtlichen Grundlagen der Europäischen Union.* Wien: Facultas Verlags- und Buchhandel AG.

Brasche, U. (2013). *Europäische Integration: Wirtschaft, Erweiterung und regionale Effekte.* Oldenbourg: Oldenbourg Wissenschaftsverlag GmbH.

Breuer, W., & Schweizer, T. (2003). *Corporate Finance.* Wiesbaden: Gabler Verlag.

Brock, H., & Bieberstein, I. (2015). *Multi und Omnichannel-Management in Banken und Sparkassen.* Wiesbaden: Springer Fachmedien.

Bröker, K. (2014). *Zahlungsverkehr.* Hagen: HWV Hagener Wissenschaftsverlag.

Brühl, V., & Dorschel, J. (2018). *Praxishandbuch Digital Banking.* Wiesbaden: Springer Fachmedien.

Bruno, J. (2003). *Projektmanagement.* Zürich: VDF Hochschulverlag AG.

Bundesverband öffentlicher Banken Deutschlands (2017). *Kreditwirtschaft: Wichtige Vorhaben der EU.* Berlin: Distler Druck und Medien e.k.

Canaris, C.-W., Habersack, M., & Schäfer, C. (2015). *Bankvertragsrecht 2: Commercial Banking: zahlungs- und Kreditgeschäft.* Berlin/München/Boston: Walter der Gruyter GmbH.

Capelmann, W., de-Feniks, R., & Peverelli, R. (2018). *Reinventing Customer Engagement - Kundenbeziehungen neu erfinden.* München: FBV Finanzbuchverlag.

Corcaci, A., & Knodt, M. (2012). *Europäische Integration: Anleitung zur theoriegeleiteten Analyse.* Stuttgart: UTB GmbH.

Dagott, M. P., & Pfaffenberger, K. (2014). *Praxishandbuch Zahlungsverkehr.* Idstein: DG Verlag.

Deng, R., & LEE Kuo Chuen, D. (2018). *Handbook of Blockchain, Digital Finance, and Inclusion.* London: Elsevier Academic Press.

Depenheuer, O., & Kahl, B. (2017). *Staatseigentum: Legitimation und Grenzen.* Berlin Heidelberg: Springer Verlag.

Deutsche Bundesbank. (2016). *Zahlungsverhaltn in Deutschland 2014 - Dritte Studie über Verwendung von Bargeld und unbarer Zahlungsinstrumente.* Frankfurt: Staatsdruckerei.

Djazayeri, A. (2011). *Die Geschichte der Giroüberweisung. Von den Anfängen im 19. Jahrhundert bis zum modernen Zahlungsdiensterecht.* Göttingen: V&R Unipress.

Dohmen, C. (2015): "Ökonomen: Bargeld abschaffen!". in: Deutschlandfunk [online]. http://www.deutschlandfunk.de/muenzen-und-scheine-in-der-kritik-oekonomen-bargeld.724.de.html?dram:article_id=335066, 26 October 2015 [Zugriff: 19.04.2018]

Dolzan, J. (2015). *Aussen- und Binnendurchgriff im Vertragsnetz.* Berlin / Boston: Walter de Gruyter GmbH.

Dorfleitner, G., Hornuf, L., Schmitt, M., & Weber, M. (2017). *FinTech in Germany.* Cham: Springer International Publishing AG.

Eckrich, J., & Jung, N. (2016a): Chancen und Herausforderungen für sich öffnende Banken. in: Innopay Open Banking Blog 7 [online]. https://www.innopay.com/blog/open-banking-blog-7-chancen-und-herausforderungen-fuer-sich-oeffnende-banken/, 15 December 2016 [Zugriff: 16.04.2018]

Eckrich, J. & Jung, N. (2016b): Fundamentale Entscheidungen der banken zur Rolle in der digitalen Wertschöpfungskette. in: Innopay Open banking Blog 6 [online].

https://www.innopay.com/blog/open-banking-blog-6-fundamentale-entscheidungen-der-banken-zur-rolle-in-der-digitalen-wertschoepfungskette/, 6 December 2016 [Zugriff: 16.04.2018]

Eigen, M. (2013). *Auswirkungen der steigenden Staatsverschuldung in Deutschland auf inländische Wirtschaftssubjekte.* Hamburg: Bachelor + Master Publishing.

Ernegger, M. (2015): Richtlinie über Zahlungsdienste im Binnenmarkt - PSD 2. Verband österreichischer Banken und Bankiers [online]. https://www.bankenverband.at/site/assets/files/3381/2015_09_und_10_psd2_final.pdf, 20.10.2015 [Zugriff am 26.05.2018]

EUbusiness (2018): Cheap euro transfers to be extended to non-euro states. in: EUbusiness [online]. https://www.eubusiness.com/news-eu/euro-transfers.28ck, 28 March 2018 [Zugriff: 26.05.2018]

European Commission (2018): Fact Sheets FAQ´s Payment Services Directive. in: European Commission [online]. http://europa.eu/rapid/press-release_MEMO-15-5793_en.htm, 12 January 2018 [Zugriff am 26.05.2018]

Fastnacht, D. (2009). *Open Innovation in the Financial Services.* Berlin Heidelberg: Springer Verlag.

Fertig, G., & Pfister, U. (2004). *Europäische Inegration.* Universität Münster, Münster.

Flick, U. (2007). *Qualitative Sozialforschung.* Reinbek bei Hamburg: Rowohlt Verlag.

Flick, U. (2014). *Handbuch Methoden der empirischen Sozialforschung.* (N. Bauer, & J. Blasius, Hrsg.) Wiesbaden: Springer Fachmedien.

Forbes (2018): The Forbes Fintech 50 For 2018 - 2019 Ranking [online]. https://www.forbes.com/fintech/list/#tab:overall, 13 February 2018 [Zugriff: 16.04.2018]

Freitag, A. (2016). *Maschine frisst Mensch: Überleben wir die Digitalisierung?* Norderstedt: BoD Books on Demand.

Friedrichs, J. (1973). *Methoden empirischer Sozialforschung.* Hamburg: Rowohlt Verlag.

Froschauer, U., & Lueger, M. (2003). *Das qualitative Interview.* Stuttgart: UTB GmbH.

Füreder, K., & Hellenkamp, D. (2016). *Handbuch Bankenvertrieb.* Wiesbaden: Springer Fachmedien.

Gabler-Kompakt-Lexikon. (2006). *Wirtschaft.* Wiesbaden: Springer Fachmedien.

Gamblin, R., & Williams, N. (2017). *IBM z Systems Integration Guide for the Hybrid Cloud and API Economy.* New York: Red Books Llc.

Gayvoronskaya, T., Meinel, C., & Schnjakin, M. (2018). *Blockchain: Hype oder Innovation.* Potsdam: Universitätsverlag Potsdam.

Gentsch, P. (2018). *Künstliche Intelligenz für Sales, Marketing und Service.* Wiesbaden: Springer Fachmedien.

Giesing, B. (2002). *Religion und Gemeinschaftsbildung.* Opladen: Leske + Buderich.

Girtler, R. (2001). *Methoden der Feldforschung.* Wien: Böhlau Verlag.

Gläser, J., & Laudel, G. (2010). *Experteninterviews und qualitative Inhaltsanalyse.* Wiesbaden: Springer Verlag.

Gonzáles, A. G. (2004): *PayPal: the legal status of c2c payment systems* [online]. https://core.ac.uk/download/pdf/278092.pdf, 2004 [Zugriff: 30.03.2018]

Groß, C., & Skorobogatov, A. (2014). *Der Single Supervisory Mechanism (SSM): Die einheitliche Aufsicht für die Banken der Eurozone.* Meckenheim: DCM Druck Center Meckenheim GmbH.

Große Hüttmann, M., & Fischer, T. (2006). *in Theorien der europäischen Intergration.* Wiesbaden: VS Verlag für Sozialwissenschaft.

Grundmann, R., & Stehr, N. (2010). *Expertenwissen.* Weilerswist: Velbrück Verlag.
Grundmann, S., & Riesenhuber, K. (2012). *Textsammlung Europäisches Privatrecht.* Berlin/München/Boston: Walter de Gruyter GmbH.
Haas, T. (2017). *Die politische Ökonomie der Energiewende.* Wiesbaden: Springer Fachmedien.
Haertsch, P., Schubert, P., & Selz, D. (2003). *Digital Erfolgreich.* Berlin Heidelberg: Springer Verlag.
Hartmann, M. (2004). *Elite-Soziologie.* Frankfurt am Main: Campus Verlag.
Heche, D. (2004). *Praxis des Projektmanagements.* Berlin Heidelberg.
Heilsberger, L. (2016). *Ein Integratives Modell Politischer Stabilität.* Marburg: Tectum Verlag.
Heinemann, G. (2018). *Die Neuausrichtung des App- und Smartphone-Shopping.* Wiesbaden: Springer Fachmedien.
Helfferich, C. (2004). *Qualität qualitativer Daten.* Wiesbaden: Springer Verlag.
Hell, W. (2010). *Alles Wissenswerte über Staat, Bürger, Recht.* Stuttgart, New York: Georg Thieme Verlag.
Hellenkamp, D. (2018). *Bankwirtschaft.* Wiesbaden: Springer Fachmedien.
Helmold, M., & Terry, B. (2016). *Lieferantenmanagement 2030.* Wiesbaden: Springer Fachmedien.
Hierl, L. (2017). *Mobile Payment.* Wiesbaden: Springer Fachmedien.
Hill, C. W., Jones, G. R., & Schilling, M. A. (2015). *Strategic Management Theory, Cengage Learning.* Stanford: South Western Verlag.
Hitzler, R., & Honer, A. (1997). *Sozialwissenschaftliche Hermeneutik.* Wiesbaden: Springer Fachmedien.
Huch, S. (2013). *Die Transformation des europäischen Kartengeschäfts.* Wiesbaden: Springer Fachmedien.

Huch, S. (2014). *Der einheitliche EU-Zahlungsverkehr.* Wiesbaden: Springer Fachmedien.

Jerusel, M., Ternés, A., & Towers, I. (2015). *Konsumentenverhalten im Zeitalter der Digitalisierung.* Wiesbaden: Springer Fachmedien.

Jhoon, K. (2015): *Users Accepptance of Mobile Fintech Service: Immersion of Movile Dvices Moderating Effect.* in: The e-Business Studies 6 (16) [online]. http://www.kci.go.kr/kciportal/landing/article.kci?arti_id=ART00 2061158, 2015 [Zugriff: 30.03.2018]

Kaiser, R. (2014). *Qualitative Experteninterviews.* Wiesbaden: Springer VS Verlag.

Kalekreuth, U. v., Schmidt, T., & Stix, H. (2014): *Using Cash to Monitor Liquidity: Implications for Payments, Currency Demand, and Withdrawal Behavior.* in: Wiley-Blackwell: Journal of Money, Credit and Banking.

Kayser, I., & Kollmann, T. (2011). *Digitale Strategien in der Europäischen Union.* Wiesbaden: Springer Fachmedien.

Kelle, U., & Kluge, S. (2010). *Vom Einzelfall zum Typus.* Wiesbaden: VS Verlag für Sozialwissenschaften.

Kipker, I., & Veil, M. (2003). *Transaction Banking.* Wiesbaden: Betriebswirtschaftlicher Verlag Dr. Th. Gabler / GWV Fachverlage GmbH.

Kirchhof, G., Kube, H., & Schmidt, R. (2016). *Von Ursprung und Ziel der Europäischen Union: Elf Perspektiven.* Tübingen: Mohr Siebeck Verlag.

Korte, K.-R. (2017). *Vertrag von Nizza.* Bundeszentrale-für-politische-Bildung.

Kraus, H.-M. (2015): PSD II Retail Markt mit neuen Spielregeln. in: E-Commerce Magazin [online]. (16. 12 2015). https://www.e-commerce-magazin.de//psd-ii-retail-markt-mit-neuen-spielregeln, 16 December 2015 [Zugriff: 15.04.2018]

Krebs, D., & Menold, N. (2014). *Handbuch Methoden der empirischen Sozialforschung.* (N. Baur, & J. Blasius, Hrsg.) Wiesbaden: Springer Fachmedien.

Kruse, J. (2014). *Qualitative Interviewforschung: Ein integrativer Ansatz.* Weinheim: Beltz Juventa Verlag.

Kuckartz, U. (2012). *Qualitative Inhaltsanalyse. Methoden, Praxis, Computerunterstützung.* Weinheim und Basel: Beltz Juventa.

Kuhn, B. (2012). *EU-Leitfaden für Unternehmer.* Wiesbaden: Springer Fachmedien.

Langen, R. (2015). *Finanzierungschancen trotz Bankenkrise.* Wiesbaden: Springer Fachmedien.

Laurence, T. (2017). *Blockchain for dummies.* Hoboken: John Wiley and Sons, Inc.

Lay, F. (2011). *Das Europäische Parlament in der Justiz- und Innenpolitik der Europäischen Union.* Frankfurt am Main: Peter Lang GmbH.

Leggewie, C. (2012). *Für ein anderes Europa der Regionen.* Deutsches Institut für Entwicklungspolitik.

Levknecht, G. (2014). *Analyseansätze im strategischen Management.* Hamburg: Igel Verlag RWS.

Long, K. (2017): *Third-party providers come under PSD2 scrutiny.* in: euromoney [online]. https://www.euromoney.com/article/b13k2r0h0rdqr3/third-party-providers-come-under-psd2-scrutiny, 22 June 2017 [Zugriff: 31.03.2018]

Mayring, P. (2010). *Qualitative Inhaltsanalyse.* Weinheim und Basel: Beltz Verlag.

McKenna, C. (2014): *The new payment services diretive.* in: lexology [online]. https://www.lexology.com/library/detail.aspx?g=44e8764e-936d-4864-9126-2fb0c35549e3, 2014 [Zugriff: 30.03.2018]

Mercado-Kierkegaard, S. (2007): *Harmonising the regulatory regime for cross-border payment services.* in: sciencedirect [online]. https://www.sciencedirect.com/science/article/pii/S0267364906001142, 2007 [Zugriff: 30.03.2018]

Meuser, M., & Nagel, U. (1991). *Experteninterviews - vielfach erprobt, wenig bedacht.* Wiesbaden: Springer Verlag.

Mey, G., Ruppel, P. S., & Vock, R. (2018): *Gütekriterien Qualitativer Forschung.* in: Studi Lektor [online]. https://studi-lektor.de/tipps/qualitative-forschung/guetekriterien-qualitativer-forschung.html, 2018 [Zugriff: 31.03.2018]

Mieg, H. A., & Näf, M. (2006). *Experteninterviews in den Umwelt- und Planungswissenschaften.* Lengerich: Pabst Science Publishers.

Mittelstraß, J. (2008). *Enzyklopädie Philosophie und Wissenschaftstheorie.* Berlin Heidelberg: Springer Verlag.

Moormann, J., Mosen, M. W., & Schmidt, D. (2016). *Digital Payments-Revolution im Zahlungsverkehr.* Frankfurt: Frankfurt School Verlag GmbH.

Mühlbauer, H. (2018). *EU-Datenschutzgrundverordnung (DSGVO).* Berlin/Wien/Zürich: Beuth Verlag GmbH.

Mülbert, P. O. (2017). *Bankrechtstag 2016.* Berlin / Boston: Walter de Gruyter GmbH.

Nachrichtenwerk. (2017). *Die Römischen Verträge.* Ausgabe Nr. 60, Deutscher Bundestag.

Neisser, H. (2008). *Die europäische Integration: eine Idee wird Wirklichkeit.* Innsbruck: IPU University Press.

Nitschke, P. (1999). *Die Europäische Union der Regionen.* Wiesbaden: Springer Fachmedien.

Noak, H., & Philipper, J. (2016). *Bargeld - abschaffen? oder erhalten!* Bonn: Bonner Iniversitäts-Druckerei.

Ornau, F., in: Fernhochschule SRH (2017). *Digitalisierung in Wirtschaft und Wissenschaft.* Wiesbaden: Springer Fachmedien.

Rasche, C., & Tiberius, V. (2017). *FinTechs*. Wiesbaden: Springer Fachmedien.

Reichertz, J. (2016). *Qualitative und interpretative Sozialforschung*. Wiesbaden: Springer VS Verlag.

Ribhegge, H. (2007). *Europäische Wirtschafts- und Sozialpolitik*. Berlin Heidelberg: Springer Verlag.

Riedl, G. R. (2002). *Der bankbetriebliche Zahlungsverkehr*. Berlin Heidelberg: Springer Verlag.

Rueckgauer, O. (2017). *Dezentrale Vermögensverwaltung in der Blockchain*. München: GRIN Verlag.

Saleem, M. (2017). *EU-DSGVO. Konzept eines Datenschutzmanagementsystems*. München: GRIN Verlag.

Salmony, M. (2014). Access to accounts: Why banks should embrace an open future. (H. S. Publications, Hrsg.) *Journal of payments strategy & systems, 8*(2).

Saurer, F. (2011): *SMART Zieldefinition Forschungsfrage* . in: Vorwissenschaftliche Arbeit [online]. http://www.vorwissenschaftlichearbeit.info/2011/09/25/smart-zieldefinition-forschungsfrage/, 25 September 2011 [Zugriff: 31.03.2018]

Schönfelder, S. I. (2015). *Europäische Zentralbank vs. Federal Reserve*. Hamburg: Diplomica Verlag GmbH.

Schriegel, F. (2003). *Die Umweltpolitik der EU*. Norderstedt: GRIN Verlag.

Schulze, R., & Walter, C. (2008). *50 Jahre Römische Verträge*. Tübingen: Mohr Siebeck Verlag.

Schütz, A. (1993). *Der sinnhafte Aufbau der sozialen Welt*. Berlin: Suhrkamp Verlag.

Seibel, K. (2013): *Wie das Geld von Superreichen verwaltet wird*. in: Welt.de [online]. http://www.welt.de/finanzen/verbraucher/article122437140/Wiedas-Geld-vonSuperreichen-verwaltet-wird.html, 1 December 2013 [Zugriff: 19.04.2018]

Seibold, S. (2002). *Steuerliche Betriebswirtschaftslehre in nationaler und transnationaler Sicht.* Bielefeld: Erich Schmidt Verlag.

Seidel, M. (2017). *Banking und Innovation 2017: Ideen und Erfolgskonzepte von Experten für die Praxis.* Wiesbaden: Springer Fachmedien.

Sprondel, W. M. (1979). *Alfred Schütz und die Idee des Alltags in den Sozialwissenschaften.* Stuttgart: ENKE Verlag.

Statistisches Bundesamt Deutschland (2009). *Wahl der Abgeordneten des Europäischen Parlaments aus der Bundesregierung Deutschland am 7. Juni 2009: Textliche Auswertung der Wahlergebnisse.* Berlin: Statistisches Bundesamt Deutschland.

Strauss, A. L. (1994). *Grundlagen der qualitativen Sozialforschung.* München: Wilhelm Fink Verlag GmbH.

Strauss, A., & Corbin, J. (1996). *Grounded Theory: Grundlagen Qualitativer Sozialforschung.* Weinheim: Beltz Psychologie Verlags Union.

Tennert, F., in: Fernhochschule SRH (2017). *Digitalisierung in Wirtschaft und Wissenschaft.* Wiesbaden: Springer Fachmedien.

Terlau, M. (2016): *Die zweite Zahlungsdiensterichtlinie.* in: ZBB [online]. http://www.osborneclarke.com/media/filer_public/64/62/646255f4-1fb7-4c84-ba6e-c91d1ddacf89/zbb_2016_122_2.pdf, 20 April 2016 [Zugriff: 07.04.2018]

Thiede, W. (2014). *Die digitalisierte Freiheit.* Berlin: LIT Verlag.

Vaubel, R. (2018). *Das Ende der Euromantik.* Wiesbaden: Springer Fachmedien.

Voerman, A. (2017): *The implementation of PSD2 in the Netherlands.* in: Payments and Fintech Lawyer (Cecile Park Media Publication) [online].

https://www.vandoorne.com/globalassets/publicaties/2017/pfl-january-2017---8-, 11.pdf, 14 January 2017 [Zugriff: 15.04.2018]

Wahlers, K. (2013). *Die rechtliche und ökonomische Struktur von Zahlungssystemen inner- und außerhalb des Bankensystems.* Berlin Heidelberg: Springer Verlag.

Waltraud, K.-F., & Ziegler, M. (1998). *Exemplarische Erkenntnis: zehn Beiträge zur interpretativen Erforschung sozialer Wirklichkeit.* Wien und Innsbruck: Studien-Verlag.

Wandhöfer, R. (2010). *EU Payments Integration. The Tale of SEPA, PSD and Other Milestones Along the Road.* Wiesbaden: Springer-Verlag.

Weidtmann, B. (2016). *Finanzwirtschaft.* Stuttgart: Edu Media Verlag.

Wille, T. (1998). *Verifizierbare Sicherheit für Multiapplikations Smart Card in: Horster, Patrick: Chipkarten.* Wiesbaden: Teubner Verlag.

Windisch, A. 2015): *Payment Service Directive II.* in: Coretechmonitor [online]. https://www.coretechmonitor.com/de/author/andreas-windisch/, 10 November 2015 [Zugriff: 13.04.2018]

Wöhrle, A. (2012). *Auf der Suche nach Sozialmanagement-Konzepten und Managementkonzepten für und in der Sozialwirtschaft.* Regensburg: Walhalla Fachverlag.

Wolf, D. (2006). *in Theorien der europäischen Integration.* Wiesbaden: VS Verlag für Sozialwissenschaft.

ZAG (2017): Gesetz über die Beaufsichtigung von Zahlungsdiensten Zahlungsdienstegesetz, ZAG. Deutschland. BGBI. I S. 2446, 17.07.2017 - Ersetzt V 7610-16 v. 26.06.2009 I 1506 (ZAG).

Anhang

Anhang 1

Interviewpartnerin: A
Datum des Interviews: März 2018
Ort des Interviews: Persönlich, Steyr/Oberösterreich/Österreich
Dauer des Interviews: 42 Minuten

Frage	Zeile	Paraphrase
1	1	PSD II ist notwendig.
	2	Der Zahlungsverkehr wird noch weniger ertragreich.
	3	Teile der PSD I noch nicht umgesetzt.
2	1	Online-Quellen sind oft hilfreich.
	2	Rechtsabteilung wurde involviert.
	3	Kollegen von anderen Banken wurden gefragt.
	4	Bankenverband konnte teilweise behilflich sein.
	5	Partnerbanken wurden nach ihren Interpretationen gefragt.
3	1	Wertstellung und Verfügbarmachung waren relativ klar.
	2	Entgeltregelungen sind nicht korrekt umsetzbar.
4	1	Die Schweiz wird bei jeder Bank anders behandelt.
	2	Teilweise kommen Aufträge aus dem EWR mit Option „BEN".
5	1	ZV wird standardisiert und automatisiert.
	2	Im ZV werden keine Mitarbeiter mehr benötigt.
	3	Einige Banken wird es zukünftig nicht mehr geben.
	4	Banking wird völlig mobil.

Anhang 2

Interviewpartnerin: B
Datum des Interviews: März 2018
Ort des Interviews: Persönlich, Steyr/Oberösterreich/Österreich
Dauer des Interviews: 38 Minuten

Frage	Zeile	Paraphrase
1	1	PSD II hat viele Vorteile für Konsumenten.
	2	PSD II ist grundsätzlich zu befürworten.
2	1	Andere Banken waren hilfreich.
	2	Interne Rechtsabteilung.
3	-----	-----
4	1	Nicht PSD-II-konforme „BEN"-Aufträge gibt es immer noch.
	2	„OUR"-Aufträge sind in jedem Fall notwendig.
	3	Solange es EWR-Währungen ungleich EUR gibt, gibt es Probleme.
	4	Verfügbarmachung von Geldbeträgen wird verschieden gehandhabt.
5	1	Kleine Banken werden andere Regulierungsauflagen erhalten.
	2	Kleinstbanken werden mit traditionellen Produkten bestehen.
	3	Mittelgroße Banken werden substituiert.
	4	Große Banken müssen sich komplett neu ausrichten.

Anhang 3

Interviewpartnerin: C
Datum des Interviews: März 2018
Ort des Interviews: Persönlich, Linz/Oberösterreich/Österreich
Dauer des Interviews: 34 Minuten

Frage	Zeile	Paraphrase
1	1	PSD II ist eine Erweiterung der SEPA.
	2	Banken verdienen noch weniger.
	3	Grundsätzlich ist die PSD II eine „gute Sache".
2	1	Rechtsabteilung war hilfreich.
	2	Kollegen von anderen Banken.
	3	Bankenverband konnte helfen.
3	1	Wertstellung kann bei Währungen und Konvertierungen abweichen.
	2	
	3	Entgeltregelung „OUR" wird weiterhin gefragt bleiben.
		EWR-non-EUR-Währungen sind die Problemfälle.
4	1	Verfügbarmachung ist auch von technischer Möglichkeit abhängig.
	2	Es gibt enorm differierende C/O – Zeiten bei unterschiedlichen Währungen.
	3	Die Schweiz darf alles, beugt sich aber keinem Gesetz.
5	1	Banking wird in der Zukunft am Smartphone abgewickelt.
	2	Spezielle Banktermine werden immer persönlich abgewickelt.
	3	Banken müssen mit Drittanbietern zusammenarbeiten.

Anhang 4

Interviewpartnerin: D
Datum des Interviews: März 2018
Ort des Interviews: Telefonisch, Wien/Österreich
Dauer des Interviews: 30 Minuten

Frage	Zeile	Paraphrase
1	1	Die Umsetzung der PSD II war schwierig.
	2	Jetzt ist im grenzüberschreitenden ZV nichts mehr zu verdienen.
	3	PSD II ist nötig, aber teilweise im Tagesgeschäft nicht realisierbar.
2	1	Bankenverband war hilfreich.
	2	Partnerbanken halfen.
	3	Interne Rechtsabteilung.
3	1	Kunde kann nicht korrekt bedient werden mit der PSD-II-Vorgabe.
	2	„OUR"-Aufträge sind weiterhin üblich.
	3	Bei der Wertstellung gibt es zu viele mögliche Konstellationen.
4	1	Aus der Schweiz kommen alle Arten von unmöglichen Zahlungen.
	2	Intermediarys behalten nicht regelkonform noch Gebühren ein.
	3	Währungen werden von Zwischenbanken konvertiert.
5	1	Kleinere Banken werden reduzierte Auflagen bekommen.
	2	Kleinere Banken können nur schwer bestehen bleiben.
	3	Es wird viel in E-Payment-Lösungen investiert werden müssen.

Anhang 5

Interviewpartner: E
Datum des Interviews: April 2018
Ort des Interviews: Telefonisch, Wien/Österreich
Dauer des Interviews: 28 Minuten

Frage	Zeile	Paraphrase
1	1	PSD II ist gut, aber Banken verdienen nichts mehr im ZV.
	2	Die Änderungen müssen auch auf Einhaltung überprüft werden.
2	1	Interne Rechtsabteilung
	2	Andere Banken.
3	1	Bei Entgeltregelung wurden andere Banken gefragt.
	2	Wertstellung und Verfügbarmachung sind verschieden auslegbar.
4	1	Intermediarys konvertieren Währungen bei Überweisungen.
	2	„OUR"-Aufträge wurden beibehalten weil große Nachfrage.
	3	Verfügbarmachung wird unterschiedlichst gehandhabt.
5	1	Banken werden teilweise nur mehr Datenverwalter sein.
	2	Open Banking birgt sehr großes Potenzial in sich.
	3	In zehn Jahren gibt es eine komplett neue Bankenlandschaft.
	4	Es müssen Chancen erkannt und Risiken abgewogen werden.

Anhang 6

Interviewpartner: F
Datum des Interviews: April 2018
Ort des Interviews: Telefonisch, Wien/Österreich
Dauer des Interviews: 37 Minuten

Frage	Zeile	Paraphrase
1	1	PSD II ist sinnvoll.
	2	PSD II ist nicht im Detail umsetzbar.
	3	Banken können grenzüberschreitend nichts mehr verdienen.
2	-----	-----
3	-----	-----
4	-----	-----
5	1	Die Zukunft des ZV ist sehr ungewiss und nicht vorhersagbar.
	2	Zukunftsorientierte Banken werden es leichter haben.
	3	Es wird noch viel weniger Zweigstellen und Filialen geben.

Anhang 7

Interviewpartner: G
Datum des Interviews: April 2018
Ort des Interviews: Persönlich, Linz/Oberösterreich/Österreich
Dauer des Interviews: 46 Minuten

Frage	Zeile	Paraphrase
1	1	PSD II ist eine logischer Schritt.
	2	PSD II löst Regulierungswelle aus.
	3	PSD II wurde von Theoretikern entwickelt.
2	1	Online-Quellen konnten helfen.
	2	Interne Juristen waren sehr behilflich.
	3	Andere Banken wurden gefragt.
	4	Bankenverband war involviert.
	5	Mehrmaliges intensives Durcharbeiten brachte Klarheit.
	6	Interne Abstimmung mit mehreren Abteilungen.
3	1	Entgeltregelung wurde nach unserer Interpretation umgesetzt.
	2	Verfügbarmachung und Wertstellung wurden umgesetzt.
4	1	Kunde kann eine Nichteinhaltung der PSD II nicht kotrollieren.
	2	Unterschiedliche Transaktionsdauer bei verschiedenen Banken.
5	1	Die Regulierungen werden hinsichtlich Kundendaten intensiver.
	2	Kleinere Banken müssen anderen Regulierungsstandard erhalten.
	3	Das Smartphone ersetzt den Bankschalter zur Gänze.

Anhang 8

Interviewpartner: H
Datum des Interviews: April 2018
Ort des Interviews: Persönlich, Enns/Oberösterreich/Österreich
Dauer des Interviews: 30 Minuten

Frage	Zeile	Paraphrase
1	1	PSD II öffnet Nicht-Banken die Tür.
	2	Es werden Banken vom Markt verschwinden.
	3	Kein Stein bleibt am anderen.
2	1	Interne Rechtsabteilung.
	2	Fremdbanken wurden gefragt.
	3	Im eigenen Sektor konnte viel aufgeklärt werden.
3	1	Entgeltregelung wurde angepasst. „OUR"-Aufträge sind nötig.
	2	Wertstellung und Verfügbarmachung sind sehr relativ ausgelegt.
4	1	Enorme Spielräume bei der Umsetzung ergeben Leistungsdifferenz.
	2	Transaktionsdauer variiert stark bei verschiedenen Banken.
5	1	Der Bankschalter wird durch das mobile Banking substituiert.
	2	Die Bankenlandschaft wird es so in zehn Jahren nicht mehr geben.
	3	Open Banking öffnet ein neues Zeitalter in der Bankenwelt.

Anhang 9

Interviewpartner: I
Datum des Interviews: April 2018
Ort des Interviews: Persönlich, Neuhofen an der Krems/ Oberösterreich/Österreich
Dauer des Interviews: 35 Minuten

Frage	Zeile	Paraphrase
1	1	PSD II vergünstigt nichts für die Kundin oder den Kunden.
	2	PSD II ist grundsätzlich o. k.
	3	PSD II kann nicht im Detail umgesetzt werden.
2	1	Verschiedenste interne Abteilungen.
	2	Befreundete Kollegen von anderen Banken.
	3	Benkenverbank war hilfreich.
3	1	Wertstellung und Verfügbarmachung sind relativ in der Auslegung.
	2	Entgeltregelung wurde umgesetzt. „OUR"-Auftrag wird gefragt.
	3	Es wurde an die Umsetzung einer Partnerbank angeglichen.
4	1	Schweiz ist überall dabei, muss aber nichts einhalten.
	2	„BEN"-Aufträge im EWR-Raum kommen immer noch vor.
	3	Verfügbarmachung auch abhängig von der Banken-Infrastruktur.
5	1	Auch mit Open Banking wird es persönliche Termine geben.
	2	Kundendaten müssen intensiver geschützt werden.
	3	Cyber Crime wird ein massives Problem werden.

Anhang 10

Interviewpartner: J
Datum des Interviews: April 2018
Ort des Interviews: Telefonisch, Linz/Oberösterreich/Österreich
Dauer des Interviews: 40 Minuten

Frage	Zeile	Paraphrase
1	1	PSD II ist eine „gute Sache".
	2	PSD II wird völlig unterschiedlich interpretiert.
	3	PSD II stiftet Verwirrung.
2	1	Interne Rechtsabteilung war involviert.
	2	Online-Ratgeber konnten helfen.
	3	Partnerbanken wurden gefragt.
3	1	Entgeltregelung wurde der regionalen Mehrheit angepasst.
	2	„OUR"-Auftrag bleibt weiterhin sehr gefragt.
	3	Wertstellung an C/O – Zeiten und Geschäftsende angepasst.
4	1	Zwischenbanken geben unterschiedliche Valuta weiter.
	2	Extremer Anstieg für Zwischenbankgebühren bei Reklamationen.
5	1	Open Banking ist eine Chance mit ungewissem Ausgang.
	2	Innovatives Denken ist die Basis des zukünftigen Überlebens.

Anhang 11

FAQ zur Payment Services Directice aus dem Fact Sheet der Europäischen Kommission vom 12. Januar 2018 (European Commission 2018: C3, C5).

What are the main objectives of the revised Directive (Chapter 3):

"The revised Payment Services Directive (PSD2) updates and complements the EU rules put in place by the Payment Services Directive (PSD1, 2007/64/EC). Its main objectives are to:

- Contribute to a more integrated and efficient European payments market
- Improve the level playing field for payment service providers (including new players)
- Make payments safer and more secure
- Protect consumers"

What are the benefits for consumers under this Directive (Chapter 5):

A. Economic benefits

"The new EU rules should help stimulate competition in the electronic payments market, by providing the necessary legal certainty for companies to enter or continue in the market. This would then allow consumers to benefit from more and better choices between different types of payment services and service providers".

"During the past years, new players have emerged in the area of internet payments offering consumers the possibility to pay instantly for their internet bookings or online shopping without the need for a credit card (around 60% of the EU population does not have a credit card). These services establish a payment link between the payer and the online merchant via the payer's online banking module. These innovative and low cost payment solutions are called 'payment initiation services' and are already offered in a number of Member States (e.g. Sofort in Germany,

IDeal in the Netherlands, Trustly in Sweden). Until now, these new providers were not regulated at EU level. The new Directive will cover these new payment providers ('payment initiation services'), addressing issues which may arise with respect to confidentiality, liability or security of such transactions".

"Furthermore, PSD2 will help lower charges for consumers and ban 'surcharging' for card payments in the vast majority of cases (including all popular consumer debit and credit cards), both online and in shops. The practice of surcharging is common in some Member States, notably for online payments and specific sectors, such as the travel and hospitality industry. In all cases where card charges imposed on merchants are capped, in accordance with the complementary regulation on interchange fees for card-based payment transactions (the Interchange Fee Regulation), merchants will no longer be allowed to surcharge consumers for using their payment card. This will apply to domestic as well as cross-border payments. In practice, the prohibition of surcharging will cover some 95% of all card payments in the EU and consumers would be able to save more than €550 million annually. The new rules will contribute to a better consumer experience when paying with a card throughout the European Union".

"Consumers will be better protected against fraud and other abuses and payment incidents, with improved security measures in place. As regards losses that consumers may face, the new rules streamline and further harmonise the liability rules in case of unauthorised transactions, ensuring enhanced protection of the legitimate interests of payment users. Except in cases of fraud or gross negligence by the payer, the maximum amount a payer could, under any circumstances, be obliged to pay in the case of an unauthorised payment transaction will decrease from €150 to €50".

B. Consumers' rights

"PSD1 and PSD2 protect consumer rights in the event of unauthorised debits from an account under certain conditions. A direct debit is a payment that is not initiated by the payer, but by the payee on the basis of consent of the payer to the payee. It is based on the following concept: 'I request money from someone else with their prior approval and credit it to myself". The payer and the biller must each hold an account with a payment service provider and the transfer of funds (money) takes place between the payer's bank and the biller's bank. However, since the biller can collect funds from a payer's account, provided that a mandate has been granted by the payer to the biller, the payer should also have a right to get the money refunded. Member States have applied different rules with regard to this issue".

"Under PSD1, payers had the right to a refund from their payment service provider in case of a direct debit from their account, but only under certain conditions. In order to enhance consumer protection and promote legal certainty further, PSD2 provides a legislative basis for an unconditional refund right in case of a SEPA direct debit during an 8 week period from the date the funds are debited form the account. The right to a refund after the payee has initiated the payment still allows the payer to remain in control of his payment. In such cases, payers can request a refund even in the case of a disputed payment transaction".

"As far as the direct debit schemes for non-euro payments are concerned, where they offer the protection as set out under PSD1, they can continue to function as they do today. However, Member States may require that for such direct debit schemes refund rights are offered that are more advantageous to payers".

"Consumers will also be better protected when the transaction amount is not known in advance. This situation can occur in the case of car rentals, hotel bookings, or at petrol stations. The payee will only be allowed to block funds on the account of the payer if the payer has approved the exact amount that can be blocked. The payer's bank shall immediately release the blocked funds after having received the information about the exact amount and at the latest after having received the payment order".

"Furthermore, the new Directive will increase consumer rights when sending transfers and money remittances outside the EU or paying in non-EU currencies. PSD1 only addresses transfers inside the EU and is limited to the currencies of the Member States. PSD2 will extend the application of PSD1 rules on transparency to 'one-leg transactions', hence covering payment transactions to persons outside the EU as regards the 'EU part' of the transaction. This should contribute to better information of money remitters, and lower the cost of money remittances as a result of higher transparency on the market".

"Finally, the new Directive will oblige Member States to designate competent authorities to handle complaints of payment service users and other interested parties, such as consumer associations, concerning an alleged infringement of the directive. Payment service providers that are covered by the Directive on their side should put in place a complaints procedure for consumers that they can use before seeking out-of-court redress or before launching court proceedings. The new rules will oblige payment service providers to answer in written form to any complaint within 15 business days".

C. Payment security

"The new rules also provide for a high level of payment security. This is a key issue for many payment users and notably consumers when paying via the internet. All payment service providers, including banks, payment institutions or third party providers (TPPs), will need to prove that they have certain security measures in place ensuring safe and secure payments. The payment service provider will have to carry out an assessment of the operational and security risks at stake and the measures taken on a yearly basis".

Druck:
Canon Deutschland Business Services GmbH
im Auftrag der KNV-Gruppe
Ferdinand-Jühlke-Str. 7
99095 Erfurt